Caffè Italia 1

Extra

W0173459

- Situationen und Redemittel
- Redemittel-Tests
- Alphabetisches Glossar

Langenscheidt

Berlin · München · Wien · Zürich · New York

Caffè Italia 1 - Extra

Redemittel und Tests: Antonietta M. Esposito
Alphabetisches Glossar (Übersetzung): Maria Anna Söllner

Internationale Ausgabe © 2005 ELI
Für diese Ausgabe (deutschsprachige Länder) © 2005 Langenscheidt KG, Berlin
und München

Printed in Italy - Beiheft zu Caffè Italia 1, ISBN 3-468-48271-X

Inhalt

Situationen und Redemittel - Wie sage ich was?

Inhaltsübersicht

1. Persönliches - Über sich reden

1.a Identität/Herkunft (Benvenuti, Lekt. 1)

Wie heißen Sie?	Come si chiama?
Wie heißt du?	Come ti chiami?
Sie sind Herr … / Frau …?	Lei è il signor… / la signora…?
Ich bin Guido. / Ich bin Herr …	Sono Guido. / Sono il signor…
Woher kommen Sie?	Da dove viene?
Woher sind Sie / ist sie?	Di dov'è?
Ich bin Deutsche.	Sono tedesca.
Ich bin/komme aus Berlin.	Sono di Berlino.
Bist Du Engländer?	(Tu) sei inglese?
Sie sind keine Italienerin, nicht wahr?	Lei non è italiana, vero?
Ich weiß, dass sie aus Tokyo kommt.	So che è di Tokyo.
Ich weiß, dass Sie aus Tokyo kommen.	So che è di Tokyo.
Welche Staatsangehörigkeit habt ihr?	Di che nazionalità siete?
Wo leben Sie / lebt sie?	Dove vive?

1.b Familie (Lekt. 2, 5)

Wie viele seid ihr in deiner Familie?	Quante persone ci sono nella tua famiglia?
Ah, Sie sind / sie ist verheiratet?	Ah, è sposata?
Er/Sie hat einen Sohn.	Ha un figlio.
Er/Sie hat italienische Verwandte.	Ha parenti italiani.
Das sind meine Großeltern.	Questi sono i miei nonni.
Ich bin Einzelkind.	Sono figlio unico.
Sie ist die Schwester meines Mannes.	È la sorella di mio marito.

1.c Beruf (Lekt. 2, 5)

Was sind Sie / bist Du von Beruf?	Qual è la Sua/tua professione?
Was machen Sie beruflich?	Che cosa fa?
Ich bin Ingenieur.	Sono ingegnere.

Sie ist Verkäuferin.	È commessa. / Fa la commessa.
Er arbeitet in einer Bank.	Lavora in una banca.

2. Zwischenmenschliches

2.a Dankeschön! (Lekt. 1, 2, 3)

Danke!	Grazie!
Vielen Dank!	Tante grazie! / Grazie mille!
Bitte!	Prego!
Keine Ursache! /	Non c'è di che! /
Nichts zu danken!	Di niente. / Si figuri! / Figurati! (tu)

2.b Hallo und Auf Wiedersehen! (Lekt. 1)

Hallo! / Tschüs!	Ciao!
Grüß' dich! / Grüß' euch!	Salve!
Guten Tag!	Buongiorno!
Guten Abend!	Buonasera!
Gute Nacht!	Buonanotte!
Auf Wiedersehen!	ArrivederLa! (Lei)
Auf Wiedersehen!	Arrivederci! (tu/voi)
Bis zum nächsten Mal!	Alla prossima volta!

2.c Sich und andere vorstellen (Lekt. 1)

Wie heißen Sie?	Come si chiama?
Wie heißt du?	Come ti chiami?
Ich heiße ...	Mi chiamo...
Sie sind Herr / Frau ...?	Lei è il signor / la signora...?
Das ist Frau Richter.	È la signora Richter.
Ich stelle dir Luca vor.	Ti presento Luca.
Sehr erfreut, ich bin ...	Piacere, / Molto piacere, io sono...

2.d Entschuldigung! (Lekt. 2, 3)

Entschuldigen Sie!	(Mi) scusi!
Entschuldige!	Scusa!
Es tut mir Leid!	Mi dispiace!

2.e Wie geht's? (Lekt. 1, 9)

Wie geht es Ihnen?	Come sta?
Wie geht es dir?	Come stai?
Wie geht's? Alles in Ordnung?	Come va? Tutto bene?
Mir geht es gut, danke. Und Ihnen?	Sto bene, grazie. E Lei?
Nicht schlecht.	Non c'è male.
Na ja ... nicht sehr gut.	Eh, insomma... non troppo bene.
Es geht mir einigermaßen gut.	Sto abbastanza bene.
Ich habe furchtbare Kopfschmerzen.	Ho un mal di testa da morire.
Ich bin todmüde.	Sono stanco morto.
Du siehst prächtig aus!	Sei in gran forma!

3. Übernachten

3.a Zimmer reservieren / Im Hotel (Lekt. 7)

Haben Sie ein Doppelzimmer frei?	Avete una camera doppia libera?
... mit Ehebett?	... una matrimoniale?
... ein Einzelzimmer?	... una singola?
Für 8 Nächte, vom 15. bis 23. Mai.	Per otto notti, dal 15 al 23 maggio.
Wie sind die Zimmer?	Come sono le camere?
Haben sie Klimaanlage?	C'è l'aria condizionata?
Ich habe auf den Namen Bayer reserviert.	Ho prenotato a nome di Bayer.
In welchem Stockwerk?	A che piano?

4. Unterwegs

4.a Am Bahnhof (Lekt. 8)

Ich möchte eine Fahrkarte nach Rom, bitte!	Vorrei un biglietto per Roma, per favore!
Eine Rückfahrkarte?	Andata e ritorno?
Nur einfach, bitte!	Solo andata, per favore!
Fährt dieser Zug nach Rom?	Va a Roma questo treno?
Der Zuschlag kostet 10 Euro.	Il supplemento è di 10 euro.
Der Regionalzug nach … fährt vom Gleis vier ab.	Il regionale per … parte dal binario quattro.
Der Regionalzug hat 10 Minuten Verspätung.	Il regionale viaggia con 10 minuti di ritardo.
… fährt auf Gleis eins ein.	… è in arrivo al binario uno.
Die erste Klasse befindet sich	La prima classe è
… am Anfang des Zuges.	… in testa al treno.
… in der Mitte / … am Ende	… al centro / … in coda

4.b Verkehrsmittel (Lekt. 3)

Fährt hier der Bus zum Bahnhof vorbei?	Passa di qua l'autobus per andare alla stazione?
Von wo fährt … ab?	Da dove parte…?
Du musst zur Haltestelle gegenüber.	Devi andare alla fermata di fronte.
Darf ich durch?	Posso passare?
Ich möchte aussteigen.	Devo scendere.
An welcher Haltestelle muss ich aussteigen?	A quale fermata devo scendere?
den Fahrschein entwerten	convalidare il biglietto

4.c Im Reisebüro (Lekt. 6)

Können Sie mir etwas empfehlen?	Ha qualche consiglio?
Gibt es noch Plätze?	Ci sono ancora posti?
Ich möchte mit dem Zug hinfahren.	Ci vorrei andare in treno.
ans Meer / ins Gebirge / an den See	al mare / in montagna / al lago

4.d   Nach dem Weg fragen / Wegbeschreibungen geben (Lekt. 3)

Können Sie mir sagen, wo die Touristeninformation ist? — Mi sa dire dov'è l'ufficio informazioni turistiche?

Wie komme ich zum Bahnhof? — Come posso arrivare alla stazione?

Wie komme ich in die Via Rossi? — Per arrivare in via Rossi?

Wo ist das Theater? — Dov'è il teatro?

Entschuldige, eine Frage ... — Scusa, un'informazione...

Das ist ganz in der Nähe. — È vicino.

Es ist zwei Schritte von hier. — È qui a due passi.

Immer geradeaus. — Sempre dritto.

(nach) rechts / links — a destra / a sinistra

am Ende der Straße — in fondo alla strada

gegenüber der Bar — di fronte al bar

gleich nach der Kreuzung — subito dopo l'incrocio

Nimm die erste Straße links. — Prendi la prima strada a sinistra.

an der Ecke Via Mazzini — all'angolo con via Mazzini

Sehen Sie die Ampel dort hinten? — Vede il semaforo là in fondo?

vor der Apotheke — davanti alla farmacia

5.   Essen und Trinken

5.a   In der Bar (Lekt. 1)

Was nimmst du? — Che cosa prendi?

Ich nehme einen Aperitif. — Prendo un aperitivo.

Ich habe Durst/Hunger. — Ho sete/fame.

Ich nehme auch einen Orangensaft. — Prendo anch'io un'aranciata.

Ich (nehme) lieber ein Bier. — Io invece una birra.

5.b   Im Restaurant (Lekt. 4)

Ich möchte einen Tisch für vier Personen reservieren. — Vorrei prenotare un tavolo per quattro (persone).

Für heute Abend, etwa neun Uhr.	Per questa sera, alle nove circa.
Kann ich bitte die Speisekarte haben?	Posso avere il menù, per favore?
Was empfehlen Sie mir?	Lei che cosa mi consiglia?
als Vorspeise	come antipasto
als ersten / zweiten Gang	per primo / per secondo
Was sind Garganelli?	Cosa sono i garganelli?
Wie sind die Tagliatelle?	Come sono le tagliatelle?
Sind sie hausgemacht?	Le fate voi?
Kann ich noch ein ... haben?	Posso avere un altro...?
Die Rechnung, bitte!	Il conto, per favore!
Stimmt so, der Rest ist für Sie!	Va bene così, il resto mancia.

5.c Essgewohnheiten (Lekt. 4)

Wo frühstückst du / frühstücken Sie?	Dove fai/fa colazione?
Um wie viel Uhr isst du zu Mittag?	A che ora pranzi?
Mir schmeckt ... / Mir schmecken ...	Mi piace... / Mi piacciono...
Ich esse nicht gerne spät.	Non mi piace mangiare tardi.
Morgens trinke ich nur einen Kaffee.	La mattina prendo solo un caffè.
Ich esse lieber nicht so viel.	Preferisco restare leggero.
Ich esse früh/spät.	Mangio presto/tardi.
Gewöhnlich esse ich um sieben Uhr zu Abend.	Normalmente ceno alle sette.
Ich mag gerne hausgemachte Nudeln.	Mi piace la pasta fatta in casa.
Ich mag überhaupt nicht ...	Non mi piace per niente...

6. Einkaufen

6.a Allgemeines (Lekt. 3, 10)

Wie viel kostet es?	Quanto costa? / Quanto viene?
Wie viel macht es?	Quant'è?

Kann ich mit der Kreditkarte bezahlen?	Posso pagare con la carta di credito?
Ich möchte ... sehen.	Vorrei vedere...
Hier, bitte sehr!	Ecco a Lei!
Wie viele möchten Sie davon?	Quanti ne vuole?
Ich nehme alle.	Li prendo tutti.

6.b Im Lebensmittelgeschäft (Lekt. 10)

Ich möchte ein Kilo Äpfel.	Vorrei delle mele, un chilo.
Ich nehme zwei Scheiben Käse.	Prendo due fette di formaggio.
Hundert Gramm Schinken.	Un etto di prosciutto.
Ich möchte ein halbes Kilo.	Ne voglio mezzo chilo.
Einen Liter Milch.	Un litro di latte.
Ich nehme zwei Halbliter-Packungen.	Prendo due confezioni da mezzo litro.

6.c In einer Boutique (Lekt. 10)

Ich nehme den ...	Prendo questo...
Ich möchte den langen Rock sehen.	Vorrei vedere quella gonna lunga.
Wie viel kostet die Bluse dort?	Quanto costa quella camicetta?
Mir gefällt das rote besser.	Preferisco quello rosso.
Welche Größe haben Sie?	Che taglia ha?
Ich habe Kleidergröße 40.	Ho la taglia 40.

7. Einladungen/Verabredungen

7.a Einladen/Vorschläge machen (Lekt. 2, 3, 5, 9)

Habt ihr Lust, ... zu gehen?	Avete voglia di andare...?
Hast du Lust, mit mir mitzukommen?	Ti va di venire con me?
Kommst du auch mit?	Vieni anche tu con noi/me?
Was hältst du davon, ... zu kaufen?	Che ne dici di comprare...?

Ist es in Ordnung für dich?   Va bene per te?

7.b   Annehmen (Lekt. 3, 5, 9)

Ich komme gerne mit.   Vengo molto volentieri.
Danke für die Einladung!   Grazie dell' invito!
Ja, gerne! / Warum nicht?   Sì, volentieri! / Perché no?
Das scheint mir eine gute Idee zu sein. Mi sembra una buona idea.
Ausgezeichnete Idee!   Ottima idea!
Einverstanden!   D'accordo!
Also, bis Samstag!   Allora a sabato!
Also, am Sonntag Abend bei dir!   Allora domenica sera da te!
Wir sehen uns um drei.   Ci vediamo alle tre.

7.c   Ablehnen und Gegenvorschläge machen (Lekt. 3, 5, 9)

Tut mir Leid, Samstag kann   Mi dispiace, sabato non
   ich nicht.   posso.
Ich muss arbeiten.   Devo lavorare.
Ich habe etwas vor.   Ho un impegno.
Warum nicht morgen?   Perché non facciamo domani?
Nein, komm, gehen wir lieber   No, dai, andiamo a ballare
   tanzen!   invece!

8.   Telefonieren

8.a   Am Telefon (Lekt. 5)

Hallo?   Pronto?
Störe ich dich?   Ti disturbo?
Nein, überhaupt nicht!   No, per niente!
Was gibt's?   Dimmi!

9.   Das Wetter (Lekt. 7)

Wie ist das Wetter?   Com'è il tempo? /
                                               Che tempo fa?

Es ist kalt/warm.	Fa freddo/caldo.
Es schneit. / Es regnet.	Nevica. / Piove.
Es ist windig/neblig.	C'è vento/nebbia.
sinkende Temperaturen	temperatura in diminuzione
zunehmende Bewölkung	Aumenta la nuvolosità.
Es ist sonnig.	C'è il sole.
Die Temperatur ist mild.	La temperatura è mite.
Es ist feucht/trocken.	È umido/secco.

10. Menschen beschreiben

10.a Alter (Lekt. 2, 9)

Wie alt sind Sie / bist du?	Quanti anni ha/hai?
Er/sie ist 27 Jahre alt.	Ha 27 anni.
Als Kind ...	Da bambino...

10.b Charaktereigenschaften (Lekt. 4)

Du bist wirklich ein Snob!	Sei proprio snob.
Er ist ein absoluter Pessimist.	È un pessimista assoluto.
Er/sie macht einen intelligenten Eindruck.	Ha l'aria intelligente.
Sie sind lebhaft.	Sono vivaci.
Er ist schüchtern und introvertiert.	È un tipo timido e introverso.
Er ist sehr unsympathisch.	È molto antipatico.

10.c Aussehen (Lekt. 2, 9)

Sie ist hübsch.	È carina.
Er/sie hat kurzes/glattes/gelocktes Haar.	Ha i capelli corti/lisci/ricci.
Er hat braunes Haar. / Er ist blond.	È castano. / È biondo.
Und wer ist der mit den langen Haaren?	E chi è quello con i capelli lunghi?
Sie ist ein dunkler Typ.	È mora. / È bruna.
Er ist aber groß!	È alto però!
Sie ist ein bisschen pummelig.	È un po' grassottella.

Er ist schlank.	È magro/snello.
Wie elegant!	Che eleganza!

11. Um Erlaubnis bitten / Um etwas bitten (Lekt. 3, 4, 7)

Darf ich durch?	Posso passare?
Darf ich das Fenster öffnen?	Posso aprire la finestra?
Kann ich … haben?	Posso avere...?
Ich möchte wissen, ob Sie … haben.	Vorrei sapere se avete...

12. Vorlieben - Meinung/Kritik äußern

12.a Vorlieben (Lekt. 4, 5, 8)

Was macht ihr gerne?	Che cosa vi piace fare?
Was wollt ihr auf keinen Fall tun?	Che cosa non volete fare mai?
Was ist am wichtigsten?	Qual è la cosa più importante?
Ich mag am liebsten …	Mi piace di più…
Ich mache lieber …	Preferisco fare...
Ich lese gerne.	Mi piace leggere.

12.b Meinung/Kritik (Lekt. 5)

Es ist nicht professionell.	Non è professionale.
Sie arbeiten nicht gut.	Non lavorano bene.
Sie kochen nicht gut.	Non cucinano bene.
Das gefällt mir überhaupt nicht.	Non mi piace per niente.
Ich habe einen ganz anderen Geschmack.	Ho gusti completamente diversi.
Nicht schlecht!	Non è male!

Test
Haben Sie alles behalten? Die nachfolgenden Tests sagen es Ihnen.

Lektion 1

In dieser ersten Lektion haben Sie gelernt,
- *wie man grüßt,*
- *wie man sich oder andere vorstellt,*
- *wie man seine Nationalität und Herkunft angibt,*
- *wie man in der Bar etwas bestellt.*

1. *Fragen, wie's geht.* Wie antworten Sie?

1. Buongiorno, Signora.   - _ _ _ _ _ _ _ _ _ _ , come sta?
2. Ehi, Peter! Come va?   - Bene, benissimo. E _ _?
3. Salve, ciao!   - Salve, ragazzi. C_ _ _ va?
4. Salve, Signor Braun. Tutto bene? - Tutto _ _ _ _, grazie.

2. *Sich oder jemand anderen vorstellen.* Wie antworten Sie?

1. Ciao Klaus. Questo è il signor Ricci. - M_ _ _ _ piacere, Signor Ricci.
2. Lei è il signor Schmidt, vero?   - Sì, mi _ _ _ _ _ _
Schmidt. Toni Schmidt.

3. *Die Nationalität und Herkunft angeben.* Ergänzen Sie mit den fehlenden Ausdrücken.

1. - Tu sei italiano, vero?
   - No, _ _ _ _ _ _ Colonia. Sono te_ _ _ _ _ .
2. - Lei è di Salisburgo, Signora Lettner?
   - No, _ _ _ _ au_ _ _ _ _ _ _ , ma non di Salisburgo, sono di Linz.
3. - Siete svizzeri? Di _ _ _ _?
   - Sì, _ _ _ _ _ _ _ _ _ _ _ _ _ , _ _ Bellinzona.
4. - _ _ _ _ _ _ sei? - Di Francoforte. Sono tedesco.

4. *In der Bar etwas bestellen.* Vervollständigen Sie den Dialog
   mit folgenden Ausdrücken.

invece prendo · che cosa prendi? · vorrei · allora prendo · vorrei · avete

Barista: Buona sera, che cosa prendete?

Peter: Io .... una birra. E tu Lisa,
.... ?

Gianna: Ho sete, ... un'acqua minerale.

Peter: E tu, Klaus?

Klaus: Io .... un analcolico. .... il bitter
San Pellegrino?

Barista: No, mi dispiace.

Klaus: .... una spremuta d'arancia.

5. Wie sage ich auf Italienisch?

1. *Hallo, wie geht es dir?* ....
2. *Guten Tag, Dottor Rossi. Wie geht es Ihnen?*
....
3. *Sie sind Herr Ponti, nicht wahr?* ....
4. *Sehr erfreut, ich heiße Becker.* ....
5. *Was trinken Sie?* ....
6. *Ich nehme ein Bier.* ....

Wussten Sie, dass ...
... Sie, wenn Sie in einer italienischen Bar etwas an der Theke
einnehmen, oft weniger bezahlen als am Tisch? Die Preise auf
dem *listino prezzi* sind die, die für den Verzehr an der Theke
gelten.

Lektion 2

> *Stoff dieser Lektion war,*
> - *den Beruf anzugeben,*
> - *Fragen zu stellen und um Erlaubnis zu bitten,*
> - *Menschen zu beschreiben.*

1. *Den Beruf angeben.* **Vervollständigen Sie die Berufsangaben mit den fehlenden Buchstaben.**

1. Lavoro in un negozio. Sono un _ _ _m_ _ _ _.
2. Io non lavoro, frequento l'università. Sono _ _ _ _ _ _ _ _ _ _e.
3. Pia lavora in una scuola. È _ _ ' _ n _ _ _ _ _ _ _ _.
4. Io costruisco (= baue) case. Faccio l' _ _ _ e _ _ _ _ _ .
5. Carla lavora in un ufficio. È _ _ ' i _ _ _ _ _ _ _ _.
6. Silvio lavora in una clinica. Fa _ _ m_ _ _ _ _

2. *Fragen stellen.* **Setzen Sie das richtige Fragewort ein.**

chi · come · di dov' · come mai · che cosa · di che

1. Lui .... si chiama?
2. .... è quel ragazzo con i capelli lunghi?
3. .... è? Di Colonia?
4. .... sei in Italia?
5. .... nazionalità è Paolo?
6. .... fate in Italia?

3. *Um Erlaubnis bitten*

1. Scusa, ... aprire la finestra?
2. Scusi, ... prendere/avere il giornale, per favore?
3. Scusi, ... chiudere la porta?

4. *Menschen beschreiben.* Sie zeigen Fotos von Ihrer Familie …

bionda · molto carino e con i capelli castani · con i capelli corti e ricci · con i capelli lunghi

1. Questa ragazza (mit den langen Haaren) ....
   .... è Karin, mia sorella.
2. La donna (blond) .... è la sorella di mio marito.
3. Questa bambina (mit kurzen und gelockten Haaren) ....
   .... è mia figlia.
4. E questo ragazzo (sehr hübsch und mit braunen Haaren)
   ....

   è mio marito.

5. Wie sage ich auf Italienisch?
Geben Sie Auskünfte über sich selbst.

1. Mi chiamo ....
2. Ho .... anni.
3. Sono ...., lavoro ....
4. Abito ....
5. Sono ...., ho .... figli.
6. Parlo ....

Wussten Sie, dass …
… vor allem in italienischen Touristenrestaurants die Kellner die männlichen Gäste gerne mit Titeln wie *dottore, ingegnere, ragioniere, professore, cavaliere, avvocato* anreden? Den höchsten Grad der Wertschätzung genießen Sie, wenn Sie mit *cavaliere* oder *avvocato* angesprochen werden.

Lektion 3

> *Sie haben gelernt,*
> *- nach dem Weg zu fragen und Wegbeschreibungen zu verstehen,*
> *- sich zu bedanken,*
> *- ein Einkaufsgespräch zu führen.*

1. *Wegbeschreibungen.* Ergänzen Sie mit den Orts- und Richtungsangaben.

per andare alla · dov'è · in fondo alla · a destra · a sinistra · vicino · dopo l'incrocio · all'angolo · davanti alla · a due passi

1. Scusi, (*wo ist*) .... l'ufficio informazioni?
2. L'ufficio informazioni è (*an der Ecke*) .... con Via Garibaldi.
3. Il teatro è qui (*in der Nähe*) .... ?
4. Sì, è lì (*rechts*) ...., lo vedi?
5. L'ufficio postale è (*zwei Schritte von*) .... da qui, (*vor der*) .... farmacia.
6. Il distributore è (*am Ende der*) .... strada, (*rechts*) ....
7. Scusi, (*wie komme ich zum Bahnhof*) .... stazione?
8. Subito (*nach der Kreuzung*) .... la prima strada (*links*) ....

2. *Sich bedanken*
Füllen Sie die Lücken mit den passenden Wörtern.

1. Grazie t_ _ _ _, Dottore!
2. Prego non c'è _ _ _ _ _!
3. Grazie, Mario! - Prego, di _ _ _ _ _ _!
4. M_ _ _ _ grazie, Signora! - Ma prego, si fi_ _ _ _!

3. *Im Geschäft nach dem Preis fragen*. Ergänzen Sie den Dialog.

● Buonasera, desidera?

○ _ _ _ _ _ _ costa quella borsa?

● 300 euro.

○ E questa, _ _ _ _ _ _ viene?

● Se prende questa, c'è lo sconto. Viene 140 euro.

Nach etwas fragen

● Vorrei _ _ _ _ _ _ anche una gonna.

○ Ecco a Lei!

● _ _ _ _ _ vedere anche quella rossa?

○ Certo, Signora. Prego!

Bezahlen

● Va bene così, _ _ _ _ _ _ ' è?

○ Sono 200 esatti.

● Posso pagare con la _ _ _ _ _ _ _ _ _ _ _ _ _ _ _?

○ Sì, certo.

4. Wie sage ich auf Italienisch?

1. *Gibt es einen Zeitungskiosk in der Nähe?*

....

2. *Entschuldigen Sie, wo ist das Postamt?*

....

3. *Wo kann ich die Fahrkarte kaufen?*

....

4. *Gibt es eine Tankstelle hier in der Nähe?*

....

Wussten Sie, dass ...

... Sie in Italien Busfahrkarten an Zeitungskiosken und in Tabakläden kaufen können? Nicht immer kann man eine Fahrkarte im Bus lösen.

Briefmarken kaufen Sie am besten in Tabakläden, Postämter verkaufen nur größere Mengen.

Lektion 4

> *Sie haben Folgendes gelernt:*
> - *im Restaurant einen Tisch reservieren,*
> - *im Restaurant bestellen,*
> - *den Kellner um Rat bitten,*
> - *nach der Rechnung fragen,*
> - *über Vorlieben und Gewohnheiten beim Essen sprechen.*

1. *Im Restaurant einen Tisch bestellen.* **Ergänzen Sie den Dialog.**

- ● V_ _ _ _ _ pr_ _ _ _ _ _ _ un tavolo per due persone.
- ○ Per quando?
- ● Per q_ _ _ _ _ s_ _ _, alle otto.
- ○ A che nome?
- ● A nome di ....

2. *Im Restaurant um Rat bitten und sich nach Speisen erkundigen.*
Ergänzen Sie die Sätze.

1. Che _ _ _ _ mi consiglia _ _ _ _ antipasto?
2. _ _ _ _ sono le tagliatelle?
3. Cosa sono i garganelli? Li _ _ _ _ _ _ _?

3. *Im Restaurant bestellen.* **Ergänzen Sie die Sätze.**

1. P_ _ _ _ avere il m_ _ _, per favore?
2. Come a_ _ _ _ _ _ _ _ prendo una caprese.
3. Come p_ _ _ _ vorrei spaghetti al ragù.
4. Per s_ _ _ _ _ _ pesce alla griglia. E da b_ _ _ un'acqua

   m_ _ _ _ _ _ _ e un v_ _ _ bianco.

4. *Nach der Rechnung fragen.* Ergänzen Sie den Dialog.

● Altro, Signore?

○ No, va bene così. Il c_ _ _ _ , per f_ _ _ _ _ !

● Ecco a Lei.

○ Va bene così, il r_ _ _ _ ma_ _ _ _ .

5. *Was mag ich am liebsten?* Ihre Vorlieben und Essgewohnheiten.

1. Mi p_ _ _ _ il riso, ma non mi p_ _ _ _ _ _ _ _ gli spaghetti.

2. Non mi p_ _ _ _ mangiare tardi.

3. La m_ _ _ _ _ _ bevo solo un latte caldo.

4. Normalmente ceno a casa, _ _ _ _ otto.

5. A pranzo p_ _ _ _ _ _ _ _ _ restare leggero.

6. Faccio c_ _ _ _ _ _ _ _ al bar.

6. Wie sage ich auf Italienisch?

1. *Sie möchten die Rechnung haben.*

....

2. *Sie möchten einen Tisch für zwei Personen reservieren.*

....

3. *Sie möchten ein Glas haben.*

....

4. *Sie möchten wissen, ob die Tagliatelle hausgemacht sind.*

....

5. *Sie sagen dem Kellner, dass er den Rest als Trinkgeld behalten kann.*

....

Wussten Sie, dass ...

... man sich in Italien nicht an einen bereits besetzten Tisch dazusetzt? Jeder italienische Kellner fühlt sich geschmeichelt, wenn Sie ihn um eine Empfehlung bei den Speisen bitten. Sie steigen erheblich in seiner Achtung, und er wird Sie gut und objektiv beraten.

Lektion 5

In dieser Lektion haben Sie gelernt, wie Sie …
- *sich am Telefon melden,*
- *Vorschläge/Einladungen formulieren,*
- *Vorschläge akzeptieren und Einladungen annehmen,*
  sich verabreden.

1. *Telefonieren.* **Sie rufen Renzo, einen italienischen Freund, an.**

● Pronto?

○ P_ _ _ _ _ . Ciao. Sono .... Ti d_ _ _ _ _ _ _ ?

● No, dimmi!

2. *Vorschläge und Einladungen formulieren.* **Ergänzen Sie die Sätze mit den folgenden Ausdrücken:**

vieni anche · che ne dici · voglia di · va di · va bene

1. Ciao, ti .... andare al cinema?
2. .... di andare in pizzeria?
3. Ha .... venire a cena da noi?
4. .... alle otto?
5. .... tu con noi?

3. *Einladungen annehmen.* **Tragen Sie die erforderlichen Ausdrücke ein:**

d'accordo · molto volentieri · perché no · grazie dell'

1. Sì, ho tempo, ... invito.
2. Vengo .... con voi.
3. .... ? Mi sembra una buona idea.
4. ......'...................., ci vediamo alle otto.

24

4. *Sich verabreden. Wann, wo?* Tragen Sie die Orts- und
   Zeitangaben ein:

a sabato · davanti al cinema · da te · alle tre · stasera · verso le sette

1. Allora, ... (bis Samstag).
2. Ci vediamo .... (um drei Uhr) alla stazione.
3. Scusa, dov'è la festa. È .... (bei dir)?
4. Ci incontriamo .... (vor dem Kino)?
5. Vengo da te .... (heute Abend gegen
   sieben).

5. Wie sage ich auf Italienisch?

1. Ich komme gerne mit.   ....
2. Vielen Dank für die Einladung.   ....
3. Bis morgen.   ....
4. Wir sehen uns heute Abend.   ....
5. Also, um acht Uhr vor der Bar.   ....

> **Wussten Sie, dass ...**
> ... die Italiener sich am Telefon einfach mit *Pronto* melden und
> nicht mit ihrem Namen?

Lektion 6

In dieser Lektion haben Sie gelernt,
- darüber zu reden, was und wie oft Sie es am liebsten tun,
- sich im Reisebüro zu erkundigen,
- über die Ferien zu reden.

1. *Was tun Sie am liebsten?* Ergänzen Sie mit:
mi piace · mi piacciono · preferisco · preferiamo · piace

1. .... tutti gli sport.

2. .... molto sciare.

3. Noi .... andare a vela.

4. A Lei .... viaggiare?

5. A me non va la montagna, ... il mare.

2. *Wie häufig tun Sie etwas?* Füllen Sie die Lücken mit:
mai · spesso · raramente · qualche volta · tutti i giorni

1. Vado r................................... in Italia.

2. Faccio sport t............... i g.................... .

3. Mi piacciono i musei, ci vado s............. .

4. Q................. v............... esco con amici.

5. Non faccio m........ alpinismo.

3. *Sich im Reisebüro erkundigen.* Ergänzen Sie die Fragen:

1. Avete q _ _ _ _ _ _ consiglio?

2. Ci s _ _ _ a _ _ _ _ _ posti?

3. Vorrei passare una settimana al m _ _ _ . Ha un consiglio?

4. Vorrei andarci in t _ _ _ _ . Ci sono posti?

5. Mia moglie preferisce il m _ _ _ e io il l _ _ _. Che cosa ci consiglia?

4. Wie sage ich auf Italienisch?

1. *Ich möchte nach Capri fahren.*

   ....

2. *Ich ziehe ein 3-Sterne-Hotel vor.*

   ....

3. *Können Sie mir etwas empfehlen?*

   ....

4. *Gibt es noch Plätze?*

   ....

5. *Ich fahre lieber ans Meer.*

   ....

Wussten Sie, dass ...
... das Schiff *La Goletta Verde* jedes Jahr die italienischen Gewässer auf ihre Wasserqualität untersucht? Die saubersten Gewässer bekommen *la bandiera blu,* die blaue Fahne.

Lektion 7

In dieser Lektion haben Sie gelernt,
- *ein Hotelzimmer zu reservieren,*
- *nach der Art und Ausstattung der Zimmer zu fragen,*
- *sich nach dem Wetter in Urlaubsorten zu erkundigen.*

1. *Im Hotel reservieren.* Was sagen Sie?

1. Avete una c _ _ _ _ _ d _ _ _ _ _ libera?
2. Prenoto per tre n _ _ _ _ dal 6 al 9 aprile.
3. Prenoto una s _ _ _ _ _ _ e una matrimoniale.
4. Q _ _ _ _ _ costa la camera con colazione?

2. *Sich nach der Art und Ausstattung der Zimmer erkundigen.* Ergänzen Sie die Fragen:

1. A _ _ _ piano è la camera?
2. C'è _ _ _ _ _ condizionata?
3. È tranquilla la _ _ _ _ _ _ ?
4. _ _ _ è la camera? È grande?

3. *Wie ist das Wetter?* Ergänzen Sie mit den angegebenen Wendungen:

temperature · com'è · nebbia · fa freddo · che tempo

1. .... fa in Italia?
2. In Italia a Natale .... ?
3. Che .... ci sono?
4. .... il tempo domani?
5. C'è .... oggi?

4. Wie sage ich auf Italienisch?

1. *Ich möchte ein Zimmer reservieren.* ....

2. *Vom 4. bis 8. Juni.* ....

3. *Ist das Zimmer ruhig?* ....

4. *Wie viel kostet ein Doppelzimmer mit Frühstück?*

   ....

5. *Wie ist das Wetter in Italien?* ....

> **Wussten Sie, dass ...**
> ... Italiener am Ostermontag („Pasquetta") gerne ein Picknick machen? Es ist Tradition, das die italienische Familie an diesem Tag im Freien isst.

Lektion 8

In dieser Lektion haben Sie gelernt,
- *am Bahnhof Fahrkarten zu kaufen,*
- *sich nach Fahrplänen, Verspätungen etc. zu erkundigen,*
- *zu fragen, auf welchem Gleis der Zug abfährt oder ankommt,*
- *sich nach Fahrpreisen, Zuschlägen etc. zu erkundigen.*

1. *Am Bahnhof Fahrkarten kaufen.* **Ergänzen Sie:**

1. Vorrei un b_ _ _ _ _ _ _ _ per Milano. Andata e r_ _ _ _ _ _,
   per favore.
2. E io uno di sola a_ _ _ _ _ in s_ _ _ _ _ _ classe.

2. *Sich nach Fahrplänen und Verspätungen erkundigen.* **Ergänzen Sie mit folgenden Begriffen:**
in ritardo · a che ora · alle · di ritardo

1. Scusi, parte .... tre il treno per Roma?
2. È .... il treno delle 14.35?
3. .... parte il prossimo treno per Verona?
4. Quanti minuti .... ha il treno per Pisa?

3. *Sich erkundigen, auf welchem Gleis der Zug ankommt oder abfährt.* **Tragen Sie die fehlenden Wörter ein:**
binario · dal binario · questo treno

1. Senta, il treno per Genova parte .... quattro come
   sempre?
2. Su quale .... arriva il diretto per Firenze?
3. Scusi, va a Modena ....?

4. *Sich nach Fahrpreisen, Zuschlägen etc. erkundigen.* Wie lautet die richtige Frage?

1. ....

   Il supplemento costa 8 euro.

2. ....

   Il biglietto di prima classe per Venezia costa 22 euro.

3. ....

   Il biglietto di andata e ritorno per Brescia costa 35 euro.

5. **Wie sage ich auf Italienisch?**

1. *Von welchem Gleis fährt der Zug nach Bari ab?*

   ....

2. *Entschuldigen Sie, fährt dieser Zug nach Faenza?*

   ....

3. *Hat der 16.00 Uhr-Zug nach München Verspätung?*

   ....

4. *Eine Fahrkarte nach Venedig, bitte.*

   ....

5. *Um wie viel Uhr fährt der Zug nach Ancona?*

   ....

Wussten Sie, dass ...

... ein *treno locale* ein Nahverkehrszug ist? Als *rapido* bezeichnet man den Schnellzug, der *diretto* dagegen ist ein Eilzug und der *direttissimo* ein D-Zug. Warten Sie auf Ihren Anschluss, dann warten Sie auf *la coincidenza*.

Lektion 9

In dieser Lektion haben Sie gelernt,
- *Vorschläge zu unterbreiten und Einladungen anzunehmen,*
- *Vorschläge abzulehnen und Gegenvorschläge zu machen,*
- *Menschen zu beschreiben: Aussehen und Charakter.*

1. **Vorschläge machen.** Wie sage ich es? Ergänzen Sie die Wendungen:

1. _ _ _ _ _ dici di andare al cinema?
2. Le/ti _ _ di andare a teatro?
3. Ha/hai _ _ _ _ _ _ di venire a cena da noi?

2. *Einladungen annehmen.* Ergänzen Sie:

1. Grazie dell'i _ _ _ _ _ .
2. Vengo m _ _ _ _ v _ _ _ _ _ _ _ _ _.
3. Perché no, mi sembra una b _ _ _ _ i _ _ _ .
4. D' a _ _ _ _ _ _. Allora a sabato.

3. *Ablehnen und Gegenvorschläge machen.* Ergänzen Sie die folgenden Wendungen:

dispiace · un impegno · devo · no, dai· perché non · posso

1. Domenica non .... , devo finire un lavoro.
2. Ti va di andare a teatro? ...., andiamo al cinema invece.
3. Allora, facciamo domani alle sei? .... facciamo alle sette?
4. Mi ...., ma ho ....
5. No, non posso proprio. .... lavorare.

4. *Menschen beschreiben.* Sie möchten Rita, eine Italienerin, treffen. Sie kennen sich noch nicht persönlich, wie beschreiben Sie sich?

Klaus: Io sono a _ _ _ , b _ _ _ _ _ e ho i capelli corti e un po'
r _ _ _ _ .

Rita: Io invece sono b _ _ _ _ , ho i capelli lunghi, n _ _ _   e
l _ _ _ _ _ . Non sono molto alta e sono un po' grassottella.

5. Wie sage ich auf Italienisch?

1. *Was halten Sie davon, zu uns zum Mittagessen zu kommen?*

....

2. *Ist für Sie 13.00 Uhr in Ordnung?*

....

3. *Danke für die Einladung, wir kommen gerne.*

....

4. *Einverstanden, wir sehen uns Freitag um 13.00 Uhr.*

....

5. *Tut mir Leid, leider habe ich schon etwas vor.*

....

Wussten Sie, dass …

… es in Italien Brauch ist, bei Hochzeiten, Firmungen und Taufen die Gäste mit sogenannten *bomboniere* zu beschenken? Dies sind meist mehr oder weniger wertvolle Kleinigkeiten wie Döschen, Tellerchen und Ähnliches. Dafür gibt es spezielle Geschäfte, die ausschließlich *bomboniere* verkaufen. Dazu bekommt jeder Gast *confetti* (Mandeln mit Zuckerguss), die immer in ungerader Zahl geschenkt werden, das bringt Glück!

Lektion 10

> *In dieser Lektion haben Sie gelernt,*
> *- wie Sie sich im Lebensmittelgeschäft zurechtfinden,*
> *- wie Sie in einem Bekleidungsgeschäft einkaufen,*
> *- wie Sie sich nach dem Preis erkundigen.*

1. *Einkaufen im Lebensmittelgeschäft: Ich hätte gerne ...* **Ergänzen Sie mit folgenden Wendungen:**

vorrei · prendo · ne voglio

1. .... anche due pacchi di spaghetti.

2. Di pomodori .... un chilo.

3. Per domani .... ordinare del pane tedesco, lo portate?

2. *Einkaufen im Lebensmittelgeschäft: Wie viel ...?* **Ergänzen Sie mit den Mengenangaben:**

Prendo due c _ _ _ _ di pane, un e _ _ _ di prosciutto,

m _ _ _ _ chilo di pomodori, un l _ _ _ _ di latte e sei

f _ _ _ _ di formaggio.

3. *Einkaufen im Lebensmittelgeschäft: Was kostet ...?* **Ergänzen Sie mit folgenden Wendungen:**

quanto costa · quanto viene · quanto costano · quanto vengono · quant'

1. .... le arance oggi?

2. .... i meloni?

3. Alla cassa: .... è?

4. .... la rucola?

5. .... lo speck?

4. *Einkaufen in einer Boutique.* **Formulieren Sie die passende Frage bzw. Antwort:**

1. .... ?
   Questi pantaloni costano 95 euro.
2. Che taglia ha?

   ....
3. Quale preferisce?

   ....
4. .... ?
   Sì, certo. La carta di credito va bene.

5. Wie sage ich auf Italienisch?

1. *Ich möchte die blauen Schuhe dort sehen.*

   ....
2. *Wie viel kostet diese Jacke?*

   ....
3. *Ich habe Größe 40.*

   ....
4. *Ich nehme diese hier.*

   ....

> **Wussten Sie, dass...**
> ... in Italien die Kleidergrößen nicht denen in Deutschland entsprechen? Seien Sie der italienischen Verkäuferin nicht böse, wenn sie Ihnen statt der deutschen Größe 38 die entsprechende italienische Größe 42 bringt!

Lösungen der Tests

Lektion 1:

1) 1. Buongiorno 2. tu 3. come 4. bene;
2) 1. molto 2. chiamo;
3) 1. sono di – tedesco 2. sono austriaca 3. dove – siamo svizzeri, di 4. di dove;
4) vorrei – che cosa prendi – vorrei – invece prendo – avete – Allora prendo;
5) 1. Ciao, come stai? 2. Buongiorno, Dottor Rossi. Come sta? 3. Lei è il Signor Ponti, vero? 4. Molto piacere, mi chiamo Becker. 5. Che cosa prende/beve? 6. Prendo una birra.

Lektion 2:

1) 1. commesso 2. uno studente 3. un'insegnante 4. ingegnere 5. un'impiegata 6. il medico;
2) 1. come 2. chi 3. di dov' 4. come mai 5. di che 6. che cosa;
3) 1. puoi/posso 2. posso 3. può/posso;
4) 1. con i capelli lunghi 2. bionda 3. con i capelli corti e ricci 4. molto carino e con i capelli castani;
5) [freie Übung mit individuellen Antworten]

Lektion 3:

1) 1. dov'è – all'angolo 2. vicino – a destra 3. a due passi – davanti alla 4. in fondo alla – a destra 5. per andare alla 6. dopo l'incrocio – a sinistra;
2) 1. tante 2. di che 3. niente 4. molte – figuri;
3) Quanto – quanto – vedere – Posso – quant' – carta di credito;
4) C'è un'edicola qui vicino? 2. Scusi, dov'è la posta? 3. Dove posso comprare il biglietto? 4. C'è un distributore qui vicino?

Lektion 4:

1) Vorrei – prenotare – questa sera – [Eigenname eintragen];
2) 1. cosa – come 2. come 3. fate voi;

3) 1. posso – menù 2. antipasto 3. primo 4. secondo – bere – minerale – vino;
4) conto – favore – resto – mancia;
5) 1. piace – piacciono 2. piace 3. mattina 4. alle 5. preferisco 6. colazione;
6) 1. Il conto, per favore. 2. Vorrei prenotare un tavolo per due persone. 3. Posso avere un altro bicchiere? 4. Le tagliatelle, le fate voi? 5. Va bene così, il resto mancia.

Lektion 5:
1) Pronto – [Eigennamen eintragen] – disturbo;
2) 1. va di 2. che ne dici/dice 3. voglia di 4. va bene 5. vieni anche;
3) 1. grazie dell' 2. molto volentieri 3. perché no 4. d'accordo;
4) 1. a sabato 2. alle tre 3. da te 4. davanti al cinema 5. stasera verso le sette;
5) 1. Vengo volentieri con voi/te. 2. Grazie dell'invito. 3. A domani. 4. Ci vediamo stasera. 5. Allora, alle otto davanti al bar.

Lektion 6:
1) 1. mi piacciono 2. mi piace 3. preferiamo 4. piace 5. preferisco;
2) 1. raramente 2. tutti i giorni 3. spesso 4. Qualche volta 5. mai;
3) 1. qualche 2. sono ancora 3. mare 4. treno 5. mare – lago;
4) 1. Vorrei andare a Capri. 2. Preferisco un albergo a tre stelle. 3. Ha un consiglio? / Mi può consigliare qualcosa? 4. Ci sono ancora posti? 5. Preferisco andare al mare.

Lektion 7:
1) 1. camera doppia 2. notti 3. singola 4. quanto;
2) 1. che 2. l'aria 3. camera 4. com';
3) 1. che tempo 2. fa freddo 3. temperature 4. com'è 5. nebbia;
4) 1. Vorrei prenotare una camera. 2. Dal quattro all'otto giugno. 3. È tranquilla la camera? 4. Quanto costa una doppia con colazione? 5. Com'è il tempo in Italia?

Lektion 8:
1) 1. biglietto – ritorno 2. andata – seconda;
2) 1. alle 2. in ritardo 3. a che ora 4. di ritardo;
3) 1. dal binario 2. binario 3. questo treno;
4) 1. Quanto costa il supplemento? 2. Quanto costa il biglietto di prima classe per Venezia? 3. Quanto costa il biglietto di andata e ritorno per Brescia?;
5) 1. Da quale binario parte il treno per Bari? 2. Scusi, va a Faenza questo treno? 3. È in ritardo il treno delle sedici per Monaco di Baviera? 4. Un biglietto per Venezia, per favore. 5. A che ora parte il treno per Ancona?

Lektion 9:
1) 1. che ne 2. va 3. voglia;
2) 1. invito 2. molto volentieri 3. buona idea 4. accordo;
3) 1. posso 2. No, dai 3. Perché non 4. dispiace – un impegno 5. devo;
4) Klaus: alto – biondo – ricci Rita: bruno – neri – lunghi;
5) 1. Che ne dice di venire a pranzo da noi? 2. Per Lei va bene alle tredici? 3. Grazie dell'invito, veniamo volentieri. 4. D'accordo, ci vediamo venerdì alle tredici. 5. Mi dispiace, purtroppo ho già un impegno.

Lektion 10:
1) 1. Prendo 2. ne voglio 3. vorrei;
2) chili – etto – mezzo – litro – fette;
3) 1. quanto costano 2. quanto vengono 3. quant' 4. quanto costa 5. quanto viene;
4) 1. Quanto costano questi pantaloni? 2. Ho la taglia 38. 3. Preferisco questo. 4. Posso pagare con la carta di credito?;
5) 1. Vorrei vedere le scarpe blu. 2. Quanto costa questa giacca?; 3. Ho la taglia 40. 4. Prendo questa.

Alphabetisches Glossar

Darstellung im Glossar und Abkürzungen:

Bei Wörtern, die nicht auf der vorletzten Silbe betont werden, ist die betonte Silbe unterstrichen; bei Diphthongen (Kombination von zwei Vokalen) der betonte Vokal.

Bei den Substantiven werden Geschlecht und Zahl nur angegeben, wenn diese nicht aus der Wortendung ersichtlich sind.

Bei den Verben wird neben dem Infinitiv das Partizip Perfekt angegeben, wenn es unregelmäßig ist, sowie die 1. Person des Passato prossimo bei Verben, die dieses mit *essere* bilden.

m.	= männlich,	w.	= weiblich,	N.	= Nomen,
Pl.	= Plural,	Adj.	= Adjektiv,	Adv.	= Adverb

A

a base di frutta	*auf Fruchtbasis*
a bordo	*an Bord*
a destra	*rechts*
a due passi	*ein paar Schritte von hier*
a lungo	*lange Zeit*
a metà prezzo	*zum halben Preis*
a piedi	*zu Fuß*
a pois	*getüpfelt*
a presto	*bis bald*
a quadretti	*kariert*
a righe	*gestreift*
a sinistra	*links*
a sorpresa	*Überraschungs…*
a tutto volume	*in voller Lautstärke*
abbandonare	*verlassen; abbrechen*
abbastanza veloce	*ziemlich schnell*
abbastanza	*ausreichend, ziemlich*
abbonamento per il teatro	*Theaterabonnement*
abbraccio	*Umarmung*

abbreviazione (w.)	*Abkürzung*
abbronzato	*gebräunt*
abitare	*wohnen*
abito (da uomo)	*Anzug*
abito da sera	*Abendkleid*
abitudine (w.)	*Gewohnheit*
abitudine alimentare (w.)	*Essensgewohnheit*
accanto a...	*neben ...*
accendino	*Feuerzeug*
accettare	*annehmen*
accogliente	*gemütlich*
accompagnare	*begleiten, (mit dem Auto) mitnehmen*
accorgersi, *mi sono accorto*	*bemerken*
acqua gassata	*Mineralwasser (mit Kohlensäure versetzt)*
acqua	*Wasser*
ad alta voce	*laut*
adatto	*geeignet, passend*
addormentarsi, *mi sono addormentato*	*einschlafen*
adesso	*jetzt*
adiacenze (Pl. w.)	*Umgebung*
adulto	*erwachsen*
aeroporto	*Flughafen*
affare (m.)	*Geschäft, Angelegenheit*
affascinante	*faszinierend*
affermazione (w.)	*Aussage(satz)*
affettato (N.)	*Aufschnitt*
affettivo	*emotional*
affittare	*vermieten*
affittasi (affittare)	*zu vermieten*
affitto	*Miete*
affondato (affondare)	*versunken, versenkt*
affrontare	*bewältigen*

agenda	*Kalender, Notizbuch*
agendina	*(Taschen-)Kalender*
agenzia immobiliare	*Immobilienmakler*
aggiungere	*hinzufügen*
aglio	*Knoblauch*
agosto	*August*
agriturismo	*Ferien auf dem Bauernhof*
aiuto	*Hilfe*
al meglio (Adv.)	*bestens, aufs Beste*
al posto di…	*anstelle von …*
albergo	*Hotel*
albero genealogico	*Stammbaum*
album (m.)	*(Foto)Album*
alcolico	*alkoholisch*
alfabeto	*Alphabet*
alimentari (m. Pl.)	*Lebens-, Nahrungsmittel*
all'angolo con…	*Ecke …*
alla (cortese) attenzione di…	*zu Händen von …*
allegro	*fröhlich*
allenamento	*Training*
alpinismo	*Bergwandern, -steigen*
alta quota	*Höhe*
alta stagione	*Hochsaison*
alternativa (N.)	*Alternative*
alternativo (Adj.)	*alternativ*
alto	*hoch*
altro	*anderer*
alzarsi, *mi sono alzato*	*aufstehen*
ambientato in… (ambientare)	*angesiedelt in …*
ambiente (m.)	*Atmosphäre, Ambiente*
americano	*Amerikaner*
amica	*Freundin*
amico	*Freund*
ammobiliato	*möbliert*
amore (m.)	*Liebe*
anche	*auch*

ancora	*noch*
andarci, *ci sono andato*	*hingehen, -fahren*
andare a cavallo	*reiten*
andare a trovare	*besuchen*
andare a vela	*segeln*
andare d'accordo	*sich (gut) verstehen*
andare, *sono andato*	*gehen, fahren*
àndata e ritorno	*Hin- und Rückfahrt, hin und zurück*
anello	*Ring*
anfiteatro	*Amphitheater*
angolo	*Ecke*
animale (m.)	*Tier*
anniversario di matrimonio	*Hochzeitstag*
anno	*Jahr*
annuncio	*Anzeige*
anonimo	*anonym*
antichi romani (m. Pl.)	*Römer der Antike*
antico	*antik, alt*
antipasto	*Vorspeise*
antipatico	*unsympathisch*
anziano tipo (l')	*typischer Senior*
anziano	*alt*
aperitivo della casa	*Aperitif des Hauses*
aperitivo	*Aperitif*
aperto	*geöffnet, offen*
apertura	*Öffnung(szeiten)*
appartamento	*Wohnung*
appassionato	*Liebhaber*
appellativo	*Anrede, Name*
appendice (w.)	*Anhang*
apprezzato	*beliebt, geschätzt*
approfittare di…	*nutzen, Gebrauch machen von …*
appuntamento	*Verabredung*
aprile	*April*
aprire, *aperto*	*öffnen, aufmachen*
aprofittare	*profitieren, nutzen*

arabo	*Araber*
aranciata	*Orangenlimonade*
arancione	*orange*
archeologia	*Archäologie*
architetto	*Architekt/-in*
architettura	*Architektur*
area geografica	*geografische Zone/Gegend*
argomento	*Thema*
aria condizionata	*Klimaanlage*
armadio	*Schrank*
arrabbiarsi, *mi sono arrabbiato*	*wütend werden, sich ärgern*
arrabbiato	*wütend*
arrivare, *sono arrivato*	*ankommen*
arrivederci	*auf Wiedersehen*
arrivo	*Ankunft*
arrogante	*arrogant*
arte (w.)	*Kunst*
articolo (di giornale)	*(Zeitungs-)Artikel*
articolo	*Artikel*
artista (m./w.)	*Künstler*
artistico	*Kunst...*
ascensore (m.)	*Aufzug*
asciugacapelli (m.)	*Föhn*
ascoltare	*(zu-)hören*
aspettare	*warten*
aspetto fisico	*Äußeres*
assistenza	*Pflege, Hilfe*
assolutamente	*absolut, unbedingt*
attento	*aufmerksam*
attenzione (w.)	*Aufmerksamkeit*
attività (w.)	*Aktivität*
attivo	*aktiv*
attorno	*um*
attualità	*Aktualität*
audio (m.)	*Ton, Lautstärke*
augurio	*Glückwunsch*

aumentare	*zunehmen, vergrößern*
Australia (w.)	*Australien*
australiano	*Australier*
austriaco	*Österreicher*
auto(mobile) (w.)	*Auto*
autobus (m.)	*Bus*
autore (m.)	*Autor*
autrice (w.)	*Autorin*
autunno	*Herbst*
avaro	*geizig*
aver bisogno di…	*nötig haben, brauchen*
avere in comune	*gemeinsam haben*
avere in programma	*vorhaben, geplant haben*
avere	*haben*
avventura	*Abenteuer*
avvicinarsi, *mi sono avvicinato*	*sich nähern, näher kommen*
aziendale	*Betriebs…*
azzurro	*(hell-)blau*

B

bacio	*Kuss*
bacione (m.)	*dicker Kuss*
baffi (m. Pl.)	*Schnurrbart*
bagno rilassante	*Entspannungsbad*
bagno	*Bad*
bagnoschiuma (m.)	*Badeschaum*
balcone (m.)	*Balkon*
ballare	*tanzen*
bambino	*Kind, kleiner Junge*
banana	*Banane*
banca	*Bank*
bancomat (m.)	*Bankautomat; EC-Karte*
banda	*Bande*
bar (m.)	*(Snack-)Bar*
barba	*Bart*
barista (m./w.)	*Barkeeper, -besitzer*

barocco	*Barock…*
base (w.)	*Basis, Grundlage*
bassa stagione	*Nebensaison*
basso	*klein*
battaglia	*Kampf*
batteria	*Batterie*
beige	*beige*
bellezza	*Schönheit*
bellissimo	*sehr schön, schönster*
bello	*schön*
bene (Adv.)	*gut*
benessere (m.)	*Wohlbefinden, Wellness*
benissimo	*sehr gut, bestens*
benzina	*Benzin*
bere, *bevuto*	*trinken*
bevanda	*Getränk*
bianco	*weiß*
biblioteca	*Bibliothek*
bibliotecaria	*Bibliothekarin*
bicchier d'acqua	*Glas Wasser*
bicchiere (m.)	*Glas*
bici(cletta) (w.)	*Fahrrad*
biglietto dell'autobus	*Busfahrschein*
biglietto	*Fahrschein, Eintrittskarte*
bilocale (m.)	*2-Zimmer-Wohnung*
binario	*Gleis*
binocolo	*Fernglas*
biondo	*blond*
bisogno	*Bedürfnis, Mangel*
bistecca	*Steak, Schnitzel*
blu	*dunkelblau*
boom (m.)	*Boom*
borsa	*Tasche*
bottiglia	*Flasche*
braccialetto	*Armreif, -band*
brasiliano	*Brasilianer*

bravo	*tüchtig*
breve	*kurz*
bronzo	*Bronze*
bruciato	*angebrannt, verbrannt*
bruno	*braun*
bruschetta	*Bruschetta (Weißbrot mit Tomatenwürfeln)*
brutto	*hässlich*
buffet (m.)	*Büffet*
bugia	*Lüge*
bugiardo	*Lügner*
buio (Adj.)	*dunkel*
buona notte	*gute Nacht*
buonissimo	*sehr gut*
buono	*gut*
burattino	*Puppe, Marionette*
burro	*Butter*

C

caccia	*Jagd*
caffè (m.)	*Espresso, Kaffee*
caffettiera	*Espressokännchen*
calcolare	*(be)rechnen*
caldo (Adj.)	*warm, heiß*
calendario	*Kalender*
calma	*Ruhe*
cambiamento	*Veränderung*
cambiare discorso	*Gesprächsthema wechseln*
cambiare	*(ver-)ändern*
camera da letto	*Schlafzimmer*
camera doppia	*Doppelzimmer (mit zwei Einzelbetten)*
camera matrimoniale	*Doppelzimmer (mit Ehebett)*
camera singola	*Einzelzimmer*
cameretta	*Zimmerchen*
cameriera	*Kellnerin*

cameriere (m.)	*Kellner*
camicetta	*Bluse*
camicia	*Hemd*
campagna	*Land*
campanello	*Klingel*
campeggio	*Campingplatz*
campo da tennis	*Tennisplatz*
campo	*Feld*
canadese	*Kanadier/-in*
canoa	*Kanu*
cantare	*singen*
cantina	*Keller*
canzone (w.)	*Lied*
CAP, Codice di Avviamento Postale (m.)	*Postleitzahl*
capelli (m. Pl.)	*Haare*
capitale (w.)	*Hauptstadt*
Capodanno	*Neujahr*
capoluogo	*Hauptstadt*
cappuccino	*Cappuccino*
caprese (N. w.)	*Tomaten-Mozzarella-Salat*
caramella	*Bonbon*
carattere (m.)	*Charakter*
caratteristica	*(Charakter-)Eigenschaft*
carino	*hübsch*
carne (w.)	*Fleisch*
carne macinata	*Hackfleisch*
caro	*teuer*
carriera	*Laufbahn*
carrozza	*Waggon*
carta di credito	*Kreditkarte*
carta	*Karte, Papier*
carte da gioco	*Spielkarten*
cartoleria	*Papierwarengeschäft*
cartolina	*Postkarte*
casa editrice	*Verlag*

casa	*Haus*
cassa	*Kasse*
castano	*kastanienbraun*
castello	*Burg*
categoria	*Kategorie*
catena di supermercati	*Supermarktkette*
catena	*Kette*
cattivo (tempo)	*schlecht (Wetter)*
CD (m.)	*CD*
cellulare (m.)	*Handy*
cena	*Abendessen*
cenare	*zu Abend essen*
Centesimo	*Cent*
centro benessere	*Wellnesscenter*
centro commerciale	*Einkaufszentrum*
centro storico	*Altstadt*
centro	*Zentrum; Mittelitalien*
ceramica	*Keramik, Ton*
cercare	*suchen*
cerimonia	*Zeremonie*
certamente	*gewiss*
certezza	*Gewissheit*
chiacchiera	*Plauderei, Schwatz, Klatsch*
chiamarsi	*heißen*
chiaro	*klar; hell*
chiave (w.)	*Schlüssel*
chiedere, chiesto	*fragen, gefragt*
chiesa	*Kirche*
chilo (kg)	*Kilo*
chiuso	*geschlossen*
cifra	*Ziffer*
Cina (w.)	*China*
cinema (m.)	*Kino*
cinese	*Chinese/Chinesin*
cinque	*fünf*
cintura di pelle	*Ledergürtel*

città	*Stadt*
classe (w.)	*Klasse*
classico	*klassisch*
cliente (m./w.)	*Kunde/Kundin*
cocktail (m.)	*Cocktail*
Cod. rif. (codice di riferimento)	*Referenznummer*
cognato	*Schwager*
cognome (m.)	*(Familien-)Name*
col tacco	*mit Absatz*
colazione (w.)	*Frühstück*
collana	*(Hals-)Kette*
collegare	*verbinden*
collina	*Hügel*
Colonia	*Köln*
colore (m.)	*Farbe*
colpito (colpire)	*getroffen*
coltello	*Messer*
commento	*Kommentar*
commerciale	*Handels…, Geschäfts…, kommerziell*
commessa	*Verkäuferin*
commesso	*Verkäufer*
comodo	*bequem*
compagna	*Klassenkameradin*
compagno	*Klassenkamerad*
compilare	*ausfüllen*
compito	*Aufgabe*
compleanno	*Geburtstag*
complesso (Adj.)	*komplex*
comprare	*kaufen*
compreso	*inklusive*
comunicare	*kommunizieren, mitteilen*
comunicazione	*Kommunikation*
comunque	*jedenfalls*
concerto	*Konzert*
concorrenza	*Konkurrenz*

condominio	*Mehrfamilienhaus*
conducente (m./w.)	*Fahrer/-in*
conferma	*Bestätigung*
confermare	*bestätigen*
confezione (w.)	*Packung*
confezione da $1/2$ kg	*Packung zu einem halben Kilo*
confezione di biscotti	*Packung Kekse*
confusione (w.)	*Verwirrung*
congresso	*Kongress*
coniugare	*konjugieren*
coniugare	*konjugieren*
conoscere, *conosciuto*	*kennen (lernen)*
conservato (conservare)	*bewahrt*
considerare	*betrachten; berücksichtigen*
consigliare	*raten, empfehlen*
consiglio	*Rat(schlag), Tipp*
contatto	*Kontakt*
contemporaneamente	*gleichzeitig*
contento	*zufrieden*
contesto	*Zusammenhang*
continuare	*fortsetzen*
continuità	*Kontinuität, Beständigkeit*
conto	*Rechnung*
contorno	*Beilage*
contrario	*Gegenteil*
controllare	*kontrollieren*
controllo	*Kontrolle*
controllore (m.)	*Kontrolleur*
controproposta	*Gegenvorschlag*
convalidare	*abstempeln*
copertina	*Buchdeckel*
coperto	*Gedeck*
coraggio	*Mut*
cordiali saluti (m. Pl.)	*herzliche Grüße*
coreano	*Koreaner*
cornetto	*Croissant*

correre, *corso*	*laufen*
correttamente	*richtig*
corrispettivo	*entsprechend*
corrispondente a… (Adj.)	*entsprechend*
corsa	*Lauf, Rennen, Fahrt*
corso di italiano	*Italienischkurs*
corso di laurea	*Studiengang*
corto	*kurz*
cosa	*Sache, Ding*
così	*so*
costa	*Küste*
costiera	*Küste*
costoso	*teuer*
costruire	*bauen*
costume da bagno	*Badeanzug*
cotoletta alla milanese	*Mailänder Schnitzel (paniert)*
cotone (m.)	*Baumwolle*
cotto	*gekocht*
cravatta	*Krawatte*
credere	*glauben*
credito	*Kredit*
criminale (m.)	*Verbrecher*
crimine (m.)	*Verbrechen*
critico	*kritisch*
crostata di frutta	*Obstkuchen (mit Mürbeteig)*
cruciverba (m.)	*Kreuzworträtsel*
cucchiaio	*Esslöffel*
cucina abitabile	*Wohnküche*
cucina casalinga	*Hausmacherkost*
cucina ricercata	*raffinierte Küche*
cucina	*Küche*
cucinare	*kochen*
cucinotto	*Kochnische*
cugina	*Cousine*
cugino	*Cousin*
cultura	*Kultur, Bildung*

culturale	*kulturell*
cuoco	*Koch*
cuore (m.)	*Herz*
cura	*Sorgfalt; Kur*
curiosità	*Neugier*
curioso	*neugierig*
curriculum (m.)	*Lebenslauf*
custodito	*bewacht*
cyber treno	*Cybertrain*

D

da morire	*zum Verrücktwerden*
da piccolo	*als Kind*
da solo	*alleine*
dado	*Würfel*
danese	*Däne/Dänin*
dare, *dato*	*geben*
data	*Datum*
dato (N.)	*Anhaltspunkt; Pl. Daten, Angaben*
davanti a...	*vor ...*
davvero	*wirklich*
decidere, *deciso*	*entscheiden*
decimo	*zehnter*
decisamente	*entschieden, unzweifelhaft*
dedicarsi a..., *mi sono dedicato*	*sich widmen*
dedicato a...	*gewidmet*
definizione (w.)	*Definition*
delitto	*Verbrechen*
denso di...	*voll von ..., reich an ...*
dentista (m./w.)	*Zahnarzt/-ärztin*
depliant (m.)	*Prospekt, Flyer*
descrivere, *descritto*	*beschreiben*
dessert (m.)	*Dessert, Nachspeise*
detective (m.)	*Detektiv*
di fronte a...	*gegenüber von ...*
di nuovo	*noch einmal, wieder*

di solito	*gewöhnlich*
dicembre	*Dezember*
diciannove	*neunzehn*
diciassette	*siebzehn*
diciotto	*achtzehn*
dieci	*zehn*
dietro a...	*hinter ...*
difetto	*Fehler*
difficile	*schwierig, schwer*
difficoltà	*Schwierigkeit*
dimenticare	*vergessen*
dire, *detto*	*sagen, sprechen*
disabile (m.)	*Behinderter*
disastro	*Unglück, Katastrophe*
discorso	*Gespräch, Rede*
discoteca	*Discothek*
discutere	*diskutieren; streiten*
disordinato	*unordentlich*
disponibilità (w.)	*Verfügbarkeit; freie Zimmer*
disponibilità	*Verfügbarkeit; Hilfsbereitschaft*
distratto	*zerstreut*
distributore (m.)	*Verteiler; Tanksäule*
distributore di benzina	*Tankstelle*
divano	*Sofa*
diventare, *sono diventato*	*werden*
diversi tipi (m. Pl.)	*verschiedene Arten*
diverso	*unterschiedlich, verschieden*
divertente	*unterhaltsam, lustig*
divertirsi, *mi sono divertito*	*sich vergnügen/amüsieren*
dividere, *diviso*	*teilen*
dividersi i compiti	*sich die Aufgaben aufteilen*
dizionario	*Wörterbuch*
doccia	*Dusche*
dodici	*zwölf*
dolce (m.)	*Nachspeise*
domani	*morgen*

domenica (w.)	*Sonntag*
Don Giovanni (un)	*(ein) Don Juan*
donna	*Frau*
dopo	*nachher, danach; nach*
dormire	*schlafen*
dottor(e) (m.)	*Doktor*
dottoressa	*Doktor (w.)*
dovere	*müssen, sollen*
dritto	*geradeaus*
due	*zwei*
durata	*Dauer*

E

eccellente	*hervorragend*
eccezione (w.)	*Ausnahme*
economia	*Wirtschaft*
economico	*wirtschaftlich, finanziell*
edicola	*Kiosk*
edizione (w.)	*Ausgabe*
educato	*erzogen*
egiziano	*Ägypter*
elegante	*elegant*
eleganza	*Eleganz*
elementare (scuola)	*Grund-*
elemento	*Element*
elenco	*Liste*
elettrodomestico	*Haushaltsgerät*
e-mail (w.)	*E-Mail*
emisfero nord (boreale)	*Nordhalbkugel*
emisfero sud (australe)	*Südhalbkugel*
emozione (w.)	*Gefühl, Emotion, Aufregung*
energia	*Energie*
enoteca	*Weinhandlung*
entrare	*hereinkommen, betreten*
erboristeria	*Kräuterheilkunde*
esame (m.)	*Prüfung, Examen*

esattamente	*genau*
esatto	*genau*
escursione (w.)	*Ausflug*
esempio	*Beispiel*
esistere, *sono esistito*	*existieren*
esperienza	*Erfahrung*
esperto (Adj.)	*erfahren*
essere, *sono stato*	*sein*
estate (w.)	*Sommer*
estroverso	*extrovertiert*
età	*Alter*
etichetta	*Etikett*
etto (hg)	*100 g*
Euro	*Euro*
Europa	*Europa*
Eurostar (m.)	*Eurostar*
evento	*Geschehnis, Ereignis*
evitare	*(ver-)meiden*

F

faccia	*Gesicht*
facile	*leicht*
famiglia	*Familie*
familiare (m.)	*Familienangehöriger*
famoso	*berühmt*
fantascienza	*Science Fiction, Fantasy*
fantasia	*Fantasie*
fantastico	*phantastisch*
fare alpinismo	*bergwandern*
fare i compiti	*Hausaufgaben machen*
fare la spesa	*einkaufen*
fare lo spelling	*buchstabieren*
fare rafting	*raften*
fare somme	*addieren*
fare sottrazioni	*subtrahieren*
fare una passeggiata	*spazierengehen*

fare, *fatto*	*machen, tun*
farmacia	*Apotheke*
farmacista (m./w.)	*Apotheker/-in*
farsi la barba	*sich rasieren*
fase (w.)	*Phase, Abschnitt*
faticoso	*anstrengend*
fattura	*Rechnung*
favore (m.)	*Gefallen*
fax (m.)	*Fax*
febbraio	*Februar*
felice	*glücklich*
femmina	*Frau, Mädchen*
femminile	*weiblich*
fenomeno	*Phänomen*
ferie (w. Pl.)	*Ferien*
fermare l'audio	*auf Pause/Stopp drücken*
fermata	*Haltestelle*
Ferragosto	*15. August (Mariä Himmelfahrt)*
ferrovia	*Bahn*
festa	*Fest*
festività	*Festivität*
festivo	*Feiertag*
fetta	*Scheibe*
fidanzarsi, *mi sono fidanzato*	*sich verloben*
fidanzatina	*Verlobte*
fidanzatino	*Verlobter*
figlia	*Tochter*
figlio unico	*Einzelkind, einziger Sohn*
figlio	*Sohn*
film (m.)	*Film*
filosofia	*Philosophie*
finalmente	*endlich*
fine settimana (m.)	*Wochenende*
finestra	*Fenster*
finestrino	*Fenster (Zug, Auto)*

finire	*beenden*
finito	*beendet, fertig*
finlandese	*Finne/Finnin*
fino a tardi	*bis spät*
fino a...	*bis (zu) …*
fino in fondo	*bis zum Schluss/Ende*
fissare un appuntamento	*sich verabreden*
fiume (m.)	*Fluss*
flessibile	*flexibel*
foglio	*Blatt*
forchetta	*Gabel*
forma unica	*einzigartige Form*
formaggio	*Käse*
Forme uniche della continuità nello spazio	*Einzigartige Formen der Kontinuität im Raum (Skulptur von Umberto Boccioni)*
formulare un invito	*eine Einladung formulieren*
forse	*vielleicht*
forte	*stark*
foto(grafia) (w.)	*Foto*
foulard (m.)	*Tuch*
francese	*Franzose/Französin*
francobollo	*Briefmarke*
fratello	*Bruder*
freddo (Adj.)	*kalt*
freddo (N.)	*Kälte*
frequentare	*besuchen*
frequente	*häufig*
frequenza	*Häufigkeit, Frequenz*
frigobar (m.)	*Minibar*
frutta	*Obst*
fruttivendolo	*Obst- und Gemüsehändler*
fumatore (m.)	*Raucher*
fumetto	*Sprechblase; Comic*
fungo	*Pilz*
funzionare	*funktionieren*

funzione (w.)	*Funktion*
fuori città	*außerhalb der Stadt*
fuori corso	*Langzeitstudent*
fuori dal comune	*außergewöhnlich*

G

galleria	*Galerie; Passage; Tunnel*
garganelli (m. Pl.)	*Garganelli (kurze Nudeln)*
gastronomico	*gastronomisch*
gelato	*Eis*
generale	*allgemein*
genere (m.)	*Art*
generoso	*großzügig*
genio	*Genie*
genitore (m.)	*Vater, Mutter; Pl. Eltern*
gennaio	*Januar*
gente (w.)	*Leute*
gentile	*freundlich*
genuino	*ursprünglich, unverfälscht*
Germania	*Deutschland*
già	*schon*
giacca	*Jacke*
giallo (Adj.)	*gelb*
giallo (libro)	*Krimi*
Giappone (m.)	*Japan*
giapponese	*Japaner/-in*
giardinaggio	*Gartenbau*
giardino	*Garten*
giocare a tennis	*Tennis spielen*
giocare	*spielen*
gioco	*Spiel*
gioielleria	*Juwelierladen*
gioielliere (m.)	*Juwelier*
giornale (m.)	*Zeitung*
giorno	*Tag*
giovane (Adj.)	*jung*

giovane (N. m./w.)	*junger Mensch*
giovedì (m.)	*Donnerstag*
girare	*abbiegen*
giro	*Tour*
gita	*Ausflug*
giubbotto	*Jacke*
giugno	*Juni*
giusto	*richtig*
golfo	*Golf*
gomma	*Radiergummi*
gondola	*Gondel*
gonna	*Rock*
gradita conferma (è)	*Bestätigung wird erbeten*
grande	*groß*
grappa	*Grappa, Schnaps*
grassone (m.)	*Dickwanst*
grassottello	*mollig, dicklich*
greco	*Grieche*
grigio	*grau*
griglia	*Grill*
grosso	*groß, dick*
gruppo di parole	*Wortgruppe*
gruppo	*Gruppe*
guanti da giardinaggio	*Gartenhandschuhe*
guanto	*Handschuh*
guardare	*(an)schauen; aufpassen*
guida	*Reiseführer*
gusto alimentare	*Geschmacks-, Essensvorliebe*
gusto	*Geschmack*

H

| hotel (m.) | *Hotel* |

I

| idea | *Idee* |
| ideale (Adj..) | *ideal* |

ieri sera	*gestern Abend*
ieri	*gestern*
igiene (w.)	*Hygiene*
igiene personale	*Körperpflege*
il giorno dopo	*tags darauf*
il giorno prima	*tags zuvor*
il maggior numero	*Mehrzahl*
il meno veloce	*langsamster*
il più bello	*schönster*
il problema maggiore	*Hauptproblem*
imbarazzo	*Verlegenheit*
immaginare	*sich vorstellen*
immaginario	*imaginär, Fantasie…*
immagine (w.)	*Bild*
immediatamente	*sofort*
immobiliare	*Immobilien…*
Imp.le (imponibile, m.)	*steuerpflichtig*
imparare	*lernen*
impegnato	*engagiert, beschäftigt*
imperatore (m.)	*Imperator, Kaiser*
impermeabile (m.)	*Regenmantel*
impiegata	*Angestellte*
impiegato	*Angestellter*
importante	*wichtig*
in affitto	*zur Miete*
in altro modo	*auf andere Art und Weise, anders*
in cifre	*in Zahlen*
in coda	*am Zugende*
in compagnia	*in Gesellschaft*
in ferie	*in Ferien*
in fondo a…	*am Ende von …, hinten in …*
in fretta	*in Eile*
in generale	*im Allgemeinen*
in genere	*im Allgemeinen*
in lettere	*in Buchstaben*
in media	*im Durchschnitt*

in ritardo	*zu spät*
in servizio	*im Dienst*
in testa	*an der Zugspitze*
in tinta unita	*einfarbig*
incontrare	*treffen*
incontrarsi, *mi sono incontrato*	*sich treffen*
incontro	*Begegnung, Treffen*
incrocio	*Kreuzung*
indagare	*untersuchen*
indagine (w.)	*Untersuchung, Nachforschung*
indiano	*Inder*
indirizzo	*Adresse*
individuale	*individuell*
indovinare	*(er)raten*
infanzia	*Kindheit*
infermiera	*Krankenschwester*
infine	*schließlich*
infinito	*unendlich*
informazione (w.)	*Information*
ingegnere (m./w.)	*Ingenieur/-in*
ingegneria	*Ingenieurwesen*
ingenuo	*unschuldig, naiv*
inglese	*Engländer/-in*
ingrediente (m.)	*Zutat*
ingresso	*Eingang*
iniziare	*beginnen, anfangen*
inizio	*Beginn*
innamorato	*verliebt*
innovazione (w.)	*Neuerung, Innovation*
insalata di mare	*Meeresfrüchtesalat*
insalata mista	*gemischter Salat*
insegnante (m./w.)	*Lehrer/-in*
insieme	*zusammen*
insomma	*also; na ja*
insostituibile	*unersetzbar*
intanto	*in der Zwischenzeit*

intelligente	*intelligent*
Intercity (m.)	*Intercity*
interessante	*interessant*
interessare	*interessieren*
interesse (m.)	*Interesse*
internazionale	*international*
Internet	*Internet*
Interregionale (treno, m.)	*Interregio*
interrogativo (punto)	*Fragezeichen*
intimo	*intim*
introverso	*introvertiert*
intruso (N.)	*Eindringling*
invariabile	*unveränderlich*
invece di...	*anstatt …*
invece	*jedoch*
inverno	*Winter*
invidiare	*beneiden*
invitare	*einladen*
invito (N.)	*Einladung*
ipotesi (w.)	*Hypothese*
irlandese	*Ire/Irin*
iscriversi, *iscritto*	*sich einschreiben*
iscrizione (w.)	*Einschreibung, Anmeldung*
istituto professionale	*Berufsfachschule*
istruzione (w.)	*Bildung, Ausbildung, Unterricht*
Italia (w.)	*Italien*
italiano parlato	*italienische Umgangssprache*
italiano scritto	*italienische Schriftsprache*
itinerario	*Rundweg, -fahrt*
IVA	*Mehrwertsteuer*

J

Juventus (w.)	*Juventus (Fußballverein von Turin)*

K

kolossal (m.)	*Kolossalfilm (mit großem*

L

la partita della Juve	*Fußballspiel der Juve*
la stessa stanza	*dasselbe Zimmer*
là	*dort*
labirinto	*Labyrinth*
lago	*See*
lana	*Wolle*
lasagna	*Lasagne*
lasciare	*(ver-)lassen*
lato	*Seite*
latte (m.)	*Milch*
latte macchiato	*Latte macchiato (Milch mit etwas Espresso)*
laurea	*Magister-, Staatsexamen*
laureando	*Examenskandidat, Doktorand*
laurearsi, *mi sono laureato*	*Examen machen, promovieren*
laureato	*Akademiker*
lavagna	*Tafel*
lavare	*waschen*
lavarsi, *mi sono lavato*	*sich waschen*
lavorare a maglia	*stricken*
lavorare	*arbeiten*
lavoratore (m.)	*Arbeiter, Erwerbstätiger*
lavoro	*Arbeit*
legenda	*Legende*
leggere, *letto*	*lesen*
legno	*Holz*
lento	*langsam*
lettera (dell'alfabeto)	*Buchstabe*
lettera	*Brief*
letteratura	*Literatur*
letto (N.)	*Bett*
lettore (m.)	*Leser*
lezione (w.)	*Lektion*
liberazione (w.)	*Befreiung*

libero	*frei*
libreria	*Buchhandlung*
libro	*Buch*
lieto	*erfreut*
limoncello	*Zitronenlikör*
limone (m.)	*Zitrone*
lingua madre	*Muttersprache*
link (m.)	*Link*
liquore	*Likör*
lista della spesa	*Einkaufszettel*
litigare	*streiten*
litro	*Liter*
locale (N. m.)	*Lokal*
località (w.)	*Ort(schaft)*
locomotiva	*Lokomotive*
lontano	*weit (entfernt)*
luglio	*Juli*
luminoso	*hell*
luna	*Mond*
lunedì (m.)	*Montag*
lungo (Adj.)	*lang*
luogo di incontro	*Treffpunkt*
luogo di relax	*Ort der Entspannung*
luogo	*Ort*
lusso	*Luxus*

M

macchina da presa	*Kamera*
macchina	*Auto*
macchinetta gialla	*gelber Fahrkartenentwerter*
macedonia	*Obstsalat*
macellaio	*Metzger*
macelleria	*Metzgerei*
madre (w.)	*Mutter*
maggio	*Mai*
maggiore	*größer; älter; mehr*

maglietta	*T-Shirt*
maglione (m.)	*Pullover*
magro	*dünn, mager*
maiuscola (lettera)	*Großbuchstabe*
mal di testa	*Kopfweh*
malato	*krank*
male (Adv.)	*schlecht*
male (N. m.)	*Böse, Übel; Schmerz*
maleducato	*schlecht erzogen*
mamma	*Mama*
mancia	*Trinkgeld*
mangiare	*essen*
manuale (m.)	*Handbuch*
mare (m.)	*Meer*
marito	*(Ehe-)Mann*
marrone	*braun*
martedì (m.)	*Dienstag*
marzo	*März*
maschio	*Mann, Junge*
massimo	*größte/r/s*
matematica	*Mathematik*
matita	*Bleistift*
matricola	*Erstsemester*
matrimonio	*Ehe*
mattina	*Morgen*
matto	*verrückt*
meccanico	*(Auto-)Mechaniker*
medicina	*Medizin*
medico (m. und w.)	*Arzt/Ärztin*
medievale	*mittelalterlich*
mela	*Apfel*
melone (m.)	*Melone*
memorizzare	*sich merken*
meno	*weniger*
mensa	*Kantine, Mensa*
mensile	*monatlich*

mentre	*während*
menù (m.)	*Menü, Speisekarte*
menù del giorno	*Tagesmenü*
meraviglioso	*wunderbar*
mercoledì (m.)	*Mittwoch*
mese (m.)	*Monat*
messaggino	*Kurznachricht, SMS*
messaggio (m.)	*Nachricht*
messicano	*Mexikaner*
metà (w.)	*Hälfte*
meta	*Ziel*
metro(politana) (w.)	*U-Bahn*
metter su casa	*Hausstand gründen*
mettere insieme	*zusammenlegen*
mettere, *messo*	*legen, setzen, stellen*
mettersi d'accordo	*sich einigen, sich absprechen*
mezza pensione	*Halbpension*
mezzanotte (w.)	*Mitternacht*
mezzo (1/2)	*halb*
mezzo chilo (1/2 kg)	*halbes Kilo*
mezzo di trasporto	*Transportmittel*
mezzogiorno	*12 Uhr Mittag*
migliaia di… (Pl. w.)	*Tausende von …*
migliaio (m.; Pl. w. migliaia)	*Tausend*
migliore	*besser*
mimare	*pantomimisch darstellen*
mini dialogo (m.)	*Minidialog*
minigonna	*Minirock*
ministero	*Ministerium*
minuto	*Minute*
misto di affettati	*gemischter Aufschnitt*
misto di mare	*gemischtes Meeresfrüchte-, Fischgericht*
misura	*Maß*
mite	*mild, sanft*
mocassini (m. Pl.)	*Mokassins*

modello	*Modell, Muster*
moderno	*modern*
modo	*Art*
modulo	*Formular*
moglie (w.)	*(Ehe-)Frau*
molte cose	*viele Dinge*
molto (Adj./Adv.)	*viel-; sehr*
molto bene	*sehr gut*
momento	*Moment, Augenblick*
mondo	*Welt*
moneta	*Münze*
monolocale (m.)	*1-Zimmer-Wohnung*
montagna	*Berg*
monte (m.)	*Berg*
monumento	*Monument*
mostra	*Ausstellung*
moto(cicletta) (w.)	*Motorrad*
motore (m.)	*Motor*
multa	*Strafe*
museo archeologico	*Archäologisches Museum*
museo	*Museum*
musica	*Musik*
napoletano	*Neapolitaner*
narrativa	*Belletristik*
nascita	*Geburt*

N

Natale (m.)	*Weihnachten*
naturale	*natürlich*
nazionale	*national*
neanche	*nicht einmal*
negare	*leugnen*
negativo	*negativ*
negozio di abbigliamento	*Kleidergeschäft*
negozio di alimentari	*Lebensmittelgeschäft*
negozio di ottica	*Optiker*

negozio	*Geschäft*
nero	*schwarz*
nessuno (Pron.)	*niemand*
neve (w.)	*Schnee*
niente	*nichts*
nipote (m./w.)	*Neffe; Enkel / Nichte; Enkelin*
noioso	*langweilig*
nome (m.)	*Vorname*
non fumatori	*Nichtraucher*
non proprio	*eigentlich nicht*
non… ancora	*noch nicht*
non… mai	*nie*
nonna	*Großmutter*
nonno	*Großvater*
nono	*neunter*
nord (m.)	*Norden*
norvegese	*Norweger/-in*
notizia	*Nachricht*
notte (w.)	*Nacht*
nove	*neun*
novembre	*November*
novità	*Neuheit*
nozze (w. Pl.)	*Hochzeit*
nozze d'argento	*Silberhochzeit*
numero di matricola	*Immatrikulationsnummer*
numero romano	*römische Ziffer*
numero	*Zahl, Ziffer*
numerosi (Adj. m. Pl.)	*zahlreich*
nuotare	*schwimmen*
nuovo	*neun*
nutella	*Nutella*
nuvoloso	*bewölkt*

obbligare	*verpflichten*
obbligatorio	*obligatorisch*

occasione (w.)	*Gelegenheit, Anlass*
occhi chiari	*helle Augen*
occhiali (m. Pl.)	*Brille*
occhiali da sole	*Sonnenbrille*
occhiali da vista	*Brille*
occhio	*Auge*
occupazione (w.)	*Tätigkeit, Beschäftigung*
offerta	*Angebot*
offrire, *offerto*	*anbieten*
oggetto	*Ding, Gegenstand*
oggi pomeriggio	*heute Nachmittag*
oggi	*heute*
ogni (Adj. unveränderlich)	*jeder*
olandese	*Holländer/-in*
Olimpiadi (w. Pl.)	*Olympische Spiele*
olio	*Öl*
ombrello	*Regenschirm*
opera di volontariato	*Ehrenämter*
opinione (w.)	*Meinung*
opposto	*Gegenteil*
oppure	*oder*
ora (Adv.)	*jetzt*
ora (N. w.)	*Stunde, (Uhr-)Zeit*
orario (dei treni)	*Fahrplan (Zugfahrplan)*
ordinare	*bestellen*
ordinato	*ordentlich*
ordine (m.)	*Ordnung; Reihenfolge*
organizzare	*organisieren*
orgoglioso	*stolz*
orientarsi, *mi sono orientato*	*sich orientieren*
origine (w.)	*Ursprung*
ormai	*jetzt*
oro	*Gold*
orologio	*Uhr*
orrore (m.)	*Schrecken, Horror*
ospitare	*beherbergen, ausrichten*
osteria	*Osteria, Gastwirtschaft*

ottavo	*achter*
ottimista	*Optimist/-in*
ottimo	*bester*
otto	*acht*
ottobre	*Oktober*

P

pacchetto di sale	*Päckchen Salz*
pacchetto	*Päckchen*
padre (m.)	*Vater*
paesaggio	*Landschaft*
Paese (m.)	*Land*
paese (m.)	*Land, Dorf*
pagare	*(be-)zahlen*
paio	*Paar*
palazzo signorile	*herrschaftliches Wohnhaus, Palazzo*
palazzo	*Wohnhaus, Palazzo*
palla	*Ball*
pane (m.)	*Brot*
panetteria	*Bäckerei*
panino	*Brötchen*
paninoteca	*Paninoteca, Sandwich-/Snackbar*
panna	*Sahne*
pantaloni (m. Pl.)	*Hose*
parcheggio	*Parkplatz*
parlare	*sprechen*
partenza	*Abfahrt*
particolare (Adj.)	*besonders*
partire, *sono partito*	*abfahren*
Pasqua	*Ostern*
passare il tempo	*Zeit verbringen/vertreiben*
passeggiata	*Spaziergang*
passione (w.)	*Leidenschaft*
pasta (dolce)	*süßes Teilchen/Gebäck*
pasta (primo piatto)	*Nudeln (erster Gang)*
pasta fatta in casa	*hausgemachte Nudeln*

pasticceria	*Konditorei*
pasto	*Gericht*
patata	*Kartoffel*
paura	*Angst*
pausa pranzo	*Mittagspause*
pecorino	*Pecorino (Hartkäse aus Schafsmilch)*
pelle (w.)	*Leder; Haut*
penisola	*Halbinsel*
penna	*Stift*
penne (w. Pl.) all'arrabbiata	*Penne (kurze schräg abgeschnittene Nudeln) mit scharfer Tomatensoße*
pensare	*denken*
pensionato	*Pensionär, Rentner*
pensione (w.)	*Pension, Rente*
pensione completa	*Vollpension*
per cento (il 30%)	*Prozent (30 %)*
per disabili	*für Behinderte*
per favore	*bitte*
per prima cosa	*als erstes*
pera	*Birne*
percentuale (w.)	*Prozentsatz*
percorrere, *percorso*	*verbringen, durchfahren*
perdere, *perso*	*verlieren*
perfettamente	*perfekt*
perfetto	*perfekt*
periferia	*Peripherie, Umland*
periodo	*Zeitraum*
permettere, *permesso*	*erlauben, gestatten*
pernottamento	*Übernachtung*
però	*jedoch*
persona	*Person*
personaggio	*Person, Persönlichkeit*
pesce (m.) alla griglia	*gegrillter Fisch*
pesce (m.)	*Fisch*
pessimista	*Pessimist/-in*

pettinare	*kämmen*
pettinarsi, *mi sono pettinato*	*sich kämmen*
pezzo	*Stück*
piacere, *mi è piaciuto*	*gefallen, mögen*
pianista (m./w.)	*Pianist*
piano (di una casa)	*Etage*
piano bar	*Pianobar*
pianterreno	*Erdgeschoss*
piantina	*Stadtplan*
piatto tipico	*typisches Gericht*
piatto	*Teller*
piazza	*Platz*
piccolo	*klein*
pigro	*faul*
piscina	*Schwimmbad*
più tardi	*später*
più	*mehr*
piuttosto costoso	*eher teuer*
pizza	*Pizza*
pizzeria	*Pizzeria*
pizzetta	*kleine Pizza*
plastica	*Plastik*
poche fermate	*wenige Haltestellen*
poco (Adj. und Adv.)	*wenig*
poesia	*Dichtung, Gedicht*
poeta (m.)	*Dichter*
poi	*dann*
polenta	*Polenta (Maisgrießbrei)*
politica	*Politik*
pollo alla diavola	*Huhn nach Teufelsart (sehr scharf)*
pomeriggio	*Nachmittag*
pomodoro	*Tomate*
ponte (m.)	*Brücke; Brückentag*
porta	*Tür, Tor*
portafoglio	*Geldbeutel*
portare a scuola	*zur Schule bringen*

portare gli occhiali	*eine Brille tragen*
portare	*bringen, tragen*
positivo	*positiv*
posizionare	*positionieren*
possessivo	*besitzergreifend*
possibile	*möglich*
possibilità (w.)	*Möglichkeit*
posta ordinaria	*gewöhnliche/normale Post*
posta prioritaria	*Expresspost*
posto	*(Sitz-)Platz, Ort*
potere	*können*
pranzo	*Mittagessen*
pratico	*praktisch*
precisare	*präzisieren, genauer sagen*
preferire	*vorziehen, lieber mögen/wollen*
pregio	*Vorzug*
prendere il sole	*sich sonnen*
prendere in esame	*untersuchen, analisieren*
prendere, *preso*	*nehmen*
prenotare	*reservieren*
prenotazione (w.)	*Reservierung*
prepagato	*im Voraus bezahlt*
preparare	*vorbereiten, zubereiten*
presentarsi, *mi sono presentato*	*sich vorstellen*
presentazione (w.)	*Vorstellung, Präsentation, Darstellung*
presso	*bei*
presto	*früh*
prevedere, *previsto*	*vorhersehen*
previsione (w.)	*Vorhersage*
previsioni·del tempo	*Wettervorhersage*
prezzo	*Preis*
prezzo da concordare	*Preis zu vereinbaren*
prezzo fisso	*fester Preis*
prezzo	*Preis*
prigioniero	*Gefangener*

prima... ora...	*früher ..., jetzt ...*
prima classe (in treno)	*erste Klasse (im Zug)*
prima... poi...	*zuerst ..., dann ...*
primavera	*Frühling*
primo contatto	*erster Kontakt*
primo piano	*erster Stock*
primo piatto	*erster Gang*
primo	*erster*
principale	*Haupt...*
problema (m.)	*Problem*
prodotto alimentare	*Lebensmittelprodukt*
prodotto	*Produkt*
produzione (w.)	*Produktion, Herstellung*
produzione propria	*eigene Herstellung*
professionale	*professionell*
professione (w.)	*Beruf*
professor(e) (m.)	*Professor, Lehrer*
profumeria	*Parfümerie*
profumo	*Duft*
progetto	*Projekt*
programma (m.)	*Programm*
promozione (w.)	*Angebot*
pronto	*fertig*
proposta	*Vorschlag*
proprietario	*Eigentümer*
prosa	*Prosa*
prosciutto crudo	*roher Schinken*
prosciutto	*Schinken*
prossima volta	*nächstes Mal*
prossimo	*nächster*
protagonista (m./w.)	*Hauptdarsteller/-in, Protagonist/-in*
protestare	*protestieren*
provare a...	*versuchen zu ...*
proveniente	*(kommend) aus ...*
provincia	*Provinz*
psicologia	*Psychologie*

pubblicità	*Werbung*
pubblico	*öffentlich*
pulire	*putzen*
pullover (m.)	*Pullover*
punteggio	*Punktzahl*
punto interrogativo	*Fragezeichen*
punto	*Punkt*
purtroppo	*leider*

Q

Q.tà (quantità)	*Menge*
quadro	*Bild*
qualche volta	*manchmal*
qualcosa	*etwas*
qualità (w.)	*Qualität*
quantità (w.)	*Menge*
quarto (un)	*Viertel*
quarto	*vierter*
quasi	*fast*
quattordici	*vierzehn*
quattro	*vier*
quello	*jener, dieser dort*
questo	*dieser (hier)*
qui	*hier*
quindici	*fünfzehn*
quinto	*fünfter*
quiz (m.)	*Quiz*
quotidiano (Adj.)	*(all-)täglich*

R

raccontare	*erzählen*
racconto	*Erzählung*
radio (w.)	*Radio*
rafting (m.)	*Rafting*
ragazza	*Mädchen, junge Frau*
ragazzo	*Junge, junger Mann*

raggiungere, *raggiunto*	*erreichen*
ragione (w.)	*Grund*
ragù (m.)	*Hackfleischsoße*
rapido	*schnell*
rapito (rapire)	*entführt, gekidnappt*
rapporto	*Beziehung*
raramente	*selten*
reagire a un invito	*auf eine Einladung reagieren*
realtà (w.)	*Realität*
recuperare	*wieder aufnehmen, aufholen*
regalo	*Geschenk*
Regionale (treno, m.)	*Regionalzug*
regione (w.)	*Region, Gegend*
regista (m./w.)	*Regisseur/-in*
registrazione (w.)	*Aufnahme*
regola	*Regel*
regolare	*regelmäßig*
relax (m.)	*Entspannung*
reparto	*Abteilung, Bereich*
Repubblica	*Republik*
restare	*bleiben*
resto (di soldi)	*Rest (Restgeld)*
rete (w.)	*Netz*
rete telefonica	*Telefonnetz*
ricci (i capelli)	*gelockt*
ricco di…	*reich an …*
ricevuta fiscale	*Beleg für das Finanzamt*
richiesto	*erforderlich*
riconoscere, *riconosciuto*	*wiedererkennen*
ricordare	*erinnern*
ricordo	*Erinnerung*
rifiutare	*ablehnen*
riforma	*Reform*
rilassarsi, *mi sono rilassato*	*sich entspannen*
ripassare	*wiederholen*
ripetersi, *mi sono ripetuto*	*sich wiederholen*

riposarsi, *mi sono riposato*	*sich ausruhen*
riposo	*Ruhe*
riquadro	*Feld, Viereck*
riscaldamento autonomo	*Etagenheizung*
risotto alla pescatora	*Fischrisotto (wörtl. nach Art der Fischerin)*
risotto	*Risotto*
risparmiare	*sparen*
rispetto a…	*im Vergleich zu …*
ristorante (m.)	*Restaurant*
ristrutturato	*restauriert*
risultato	*Resultat, Ergebnis*
ritardo	*Verspätung*
ritmo	*Rhythmus*
riunione (w.)	*Versammlung, Meeting*
rivista	*Zeitschrift*
robusto	*stark, kräftig*
romantico	*romantisch*
romanzo	*Roman*
rosa (Adj.)	*rosa*
rosa (N.)	*Rose*
rosmarino	*Rosmarin*
rossetto	*Lippenstift*
rosso	*rot*
rovinato	*ruiniert*
rubare	*stehlen*
rumoroso	*laut*
ruolo	*Rolle*

S

sabato (m.)	*Samstag*
saggistica	*Sachbuch*
sala da pranzo	*Esszimmer*
sala riunioni	*Besprechungszimmer*
salame (m.)	*Salami*
sale (m.)	*Salz*

77

salire (*io salgo*)	*einsteigen*
salotto	*Wohnzimmer*
salutare	*(be-)grüßen, verabschieden*
salute	*Gesundheit*
saluto	*Gruß*
San Valentino	*Valentinstag*
sandali (m. Pl.)	*Sandalen*
sapere	*wissen, können*
sauna	*Sauna*
scaloppina al limone	*Schnitzel mit Zitronensoße*
scaloppina	*Schnitzel*
scaloppine al vino bianco	*Schnitzel mit Weißweinsoße*
scambiarsi	*sich austauschen, sich beraten*
scarico	*leer (Batterie)*
scarpe (w. Pl.)	*Schuhe*
scatola di cioccolatini	*Pralinenschachtel*
scatola	*Schachtel*
scegliere, *scelto*	*(aus-)wählen*
scelta (N.)	*Auswahl*
scendere, *sono sceso*	*aussteigen, hinuntergehen*
scherzare	*scherzen*
sciare	*Ski fahren*
scienza	*Wissenschaft*
Scienze del servizio sociale	*Sozialpädagogik*
scioglilingua (m.)	*Zungenbrecher*
scomodo	*unbequem*
sconto	*Rabatt*
scontrino	*Kassenzettel*
scoperta di se stessi	*Selbsterkenntnis*
scoprire, *scoperto*	*entdecken*
scorso	*vergangener, letzter*
scozzese	*Schotte/Schottin*
scrittore (m.)	*Schriftsteller*
scrivania	*Schreibtisch*
scrivere, *scritto*	*schreiben*
scultura	*Skulptur*

scuola	*Schule*
scuro	*dunkel*
scusarsi, *mi sono scusato*	*sich entschuldigen*
se	*wenn*
sé (m.)	*Selbst*
secco	*trocken*
seconda classe (in treno)	*zweite Klasse (im Zug)*
secondo il sistema	*nach dem System*
secondo piatto	*zweiter Gang*
secondo	*zweiter*
sedia	*Stuhl*
sedici	*sechzehn*
segretaria	*Sekretärin*
sei	*sechs*
selezione (w.)	*Auswahl*
self-service (m.)	*Selbstbedienung*
semaforo	*Ampel*
sembrare	*scheinen*
semplice	*einfach*
semplicemente	*einfach*
sempre dritto (Adv.)	*immer geradeaus*
sempre	*immer*
sensazione (w.)	*Gefühl*
sentimento	*Gefühl, Empfindung*
sentire	*fühlen; hören*
sentirsi, *mi sono sentito*	*sich fühlen*
senza piombo	*bleifrei*
senza problemi	*ohne Probleme*
separarsi, *mi sono separato*	*sich trennen*
sereno (tempo atmosferico)	*heiter (Wetter)*
servizi (Pl.)	*Bad und Toilette*
servizio al tavolo	*Service am Tisch*
servizio ristorante	*Speisewagen*
servizio sociale	*Sozialarbeit*
sessanta	*sechzig*
sessantacinque	*fünfundsechzig*

sesso	*Geschlecht*
sesto	*sechster*
seta	*Seide*
settanta	*siebzig*
sette	*sieben*
settembre	*September*
settimana bianca	*Woche im Schnee (wörtl. weiße Woche)*
settimana	*Woche*
settimo	*siebter*
sfida	*Herausforderung*
sicuro	*sicher*
sigla della provincia	*Kürzel der Provinz*
significato	*Bedeutung*
simile	*ähnlich*
simpatico	*sympathisch*
sincero	*ehrlich*
sindacale	*gewerkschaftlich*
sintesi (w.)	*Zusammenfassung*
sistema (m.)	*System*
sito	*Seite (Internet)*
situazione (w.)	*Situation*
skipass (m.)	*Skipass*
sms ([esse emme esse], m.)	*SMS*
snello	*schlank*
sociale	*sozial*
soggetto attivo	*Aktive/r*
soggiorno	*Wohnzimmer*
sogno	*Traum*
soldi (m. Pl.)	*Geld*
sole (m.)	*Sonne*
soleggiato	*sonnig*
solidarietà	*Solidarität*
solo (Adv. und Adj.)	*allein; nur*
soluzione (w.)	*Lösung*
somma	*Summe, Addition*

sondaggio	*Umfrage*
sopra	*oberhalb; über, auf*
soprattutto	*vor allem*
sorella	*Schwester*
sorpresa	*Überraschung*
sorridente	*lächelnd*
sorte (w.)	*Schicksal, Los*
sostituire	*ersetzen*
sotto	*unterhalb; unter*
sottotitolo	*Untertitel*
sottovoce	*halblaut*
sottrazione (w.)	*Subtraktion*
spaghetti (m. Pl.) al pomodoro	*Spaghetti mit Tomatensoße*
spagnolo	*Spanier*
spazio	*Raum, Platz*
spazzola	*Bürste*
specchietto	*Taschenspiegel*
speciale	*besonders, speziell*
specialità (w.)	*Spezialität*
spelling (fare lo)	*buchstabieren*
spendere, *speso*	*ausgeben*
sperimentazione	*Erprobung*
spesa	*Einkauf; Ausgabe, Pl. Nebenkosten*
spesso (Adv.)	*oft*
spettacolo	*Vorstellung*
spiegare	*erklären*
spiegazione (w.)	*Erklärung*
splendido	*herrlich, strahlend*
sporco	*schmutzig*
sport (m.)	*Sport*
sport estremo	*Extremsport*
sportivo	*sportlich*
sposa	*Braut*
sposarsi, *mi sono sposato*	*heiraten*
sposo	*Bräutigam*
spremuta d'arancia	*frisch gepresster Orangensaft*

spumante (m.)	*Sekt*
squadra avversaria	*Gegenmannschaft*
staccarsi da…	*sich lösen von …*
staccarsi, *mi sono staccato*	*sich lösen, sich trennen*
stagione (w.)	*Jahreszeit, Saison*
stanco morto	*todmüde*
stanco	*müde*
stanza	*Zimmer*
stare insieme	*zusammen sein*
stare, *sono stato*	*sein, sich befinden, stehen*
stasera	*heute Abend*
Stati Uniti (m. Pl.)	*Vereinigte Staaten*
statistica	*Statistik*
stato	*gewesen*
statua	*Statue*
statuetta	*kleine Statue*
stazione (w.)	*Bahnhof*
stella	*Stern*
stile (m.)	*Stil*
stimolante	*anregend*
stipendio	*Lohn*
stoffa	*Stoff*
stop (m.)	*Stopp*
storia poliziesca	*Kriminalgeschichte*
storia	*Geschichte*
strada	*Straße*
straniero	*ausländisch*
strano	*seltsam, komisch*
stressato	*gestresst*
studente (m.)	*Student, Schüler*
studente lavoratore (m.)	*Student, der nebenher jobbt; erwerbstätiger Student*
studentessa	*Studentin, Schülerin*
studi (m. Pl.)	*Studium, Studien*
studiare	*lernen, studieren*
studio	*Einzimmerappartement*

subito	*sofort*
succedere, *è successo*	*geschehen*
successo (N.)	*Erfolg*
succo di frutta	*Fruchtsaft*
succo	*Saft*
sud (m.)	*Süden*
sufficiente	*ausreichend*
sugo	*(Tomaten-)Soße*
suite (w.)	*Suite*
superare	*überwinden, bestehen*
supermercato	*Supermarkt*
supplemento	*Zuschlag*
svedese	*Schwede/Schwedin*
sveglia	*Wecker*
svegliare	*wecken*
svegliarsi, *mi sono svegliato*	*aufwachen*
svizzero	*Schweizer*

T

tabaccaio	*Tabakwarenhändler*
tabaccheria	*Tabakwarenhandlung*
tabella	*Tabelle*
tacco	*Absatz*
tagliatelle (w. Pl.) al radicchio	*Tagliatelle (Bandnudeln) mit Radicchio*
tailleur (m.)	*Kostüm*
tardi	*spät*
tardissimo	*sehr spät*
tascabili (m. Pl.)	*Taschenbücher*
tavola calda	*Bar mit warmen Gerichten*
tavolo	*Tisch*
tazza	*Tasse*
tè (m.)	*Tee*
teatro comunale	*Städtisches Theater*
teatro	*Theater*
tedesco	*Deutscher*

telefonata	Anruf
telefonino	Handy
telefono	Telefon
temperatura	Temperatur
tempo (atmosferico)	Wetter
tempo libero	Freizeit
tempo	Zeit
tenda	Zelt
tendenza	Tendenz
tennis (m.)	Tennis
terme (w. Pl.)	Thermen
termometro	Thermometer
terraferma	Festland
terrazza	Terrasse
terrazzo	Terrasse, Balkon
terza età	drittes Lebensalter; Senioren
terzo	dritter
tesi di laurea	Magister-, Doktorarbeit
timido	schüchtern
tipico	typisch
tipo	Typ, Art
tiramisù (m.)	Tiramisù
tirare a sorte	losen
titolo di studio	Schulbildung
titolo	Titel
toast (m.)	Toast
tornare, sono tornato	zurückkommen
torre (w.)	Turm
torta	Kuchen, Torte
tortellino	Tortellino (gefüllter Teigring)
Toscana	Toskana
tostapane (m.)	Toaster
totale (N. m.)	Gesamtsumme
tovaglia	Tischdecke
tovagliolo	Serviette
tradizionale	traditionell

dizione (w.)	*Tradition*
radurre in immagini	*in Bilder übertragen*
raffico	*Verkehr*
ragico	*tragisch*
tram (m.)	*Straßenbahn*
tramezzino	*Tramezzino (dreieckiges Sandwich)*
tranquillo	*ruhig*
transatlantico	*Dampfer*
trattativa	*Verhandlung*
trattative (w. Pl.) riservate	*Verhandlungen vorbehalten*
tratto (trarre)	*gezogen, genommen*
trattoria	*Trattoria, Gastwirtschaft*
tre	*drei*
tredici	*dreizehn*
treno	*Zug*
trentatré	*dreiunddreißig*
trentino	*Einwohner von Trient*
triste	*traurig*
troppo (Adv.)	*zu (sehr)*
trotterellare	*trippeln, traben*
trovare	*finden*
trovarsi, *mi sono trovato*	*sich befinden*
truccarsi, *mi sono truccato*	*sich schminken*
trucco	*Schminke*
turismo	*Tourismus*
turista (m./w.)	*Tourist/-in*
turistico	*touristisch*
tutta la notte	*die ganze Nacht*
tutte le monete	*alle Münzen*
tutti i giorni	*jeden Tag*
TV (w.)	*Fernsehen*
TV satellitare (w.)	*Satellitenfernsehen*

U

ufficio informazioni	*Touristeninformation*

ufficio postale	*Postamt*
uguale	*gleich*
ultimo	*letzter*
umido	*feucht*
un po' di…	*ein bisschen …*
una parte di…	*ein Teil von …*
una volta	*einmal*
undicesimo	*elfter*
undici	*elf*
unica cosa	*einzige Sache*
Unione Europea	*Europäische Union*
unità amministrativa	*Verwaltungseinheit*
università	*Universität*
uno	*einer; eins*
uomini (m. Pl.)	*Menschen; Männer*
uomo vitruviano	*Uomo vitruviano, Proportionsschema der menschl. Gestalt nach Vitruv (Zeichnung von Leonardo da Vinci)*
uomo	*Mann, Mensch*
uova (w. Pl.)	*Eier*
uovo	*Ei*
usare	*benutzen*
uscire	*(hin-)ausgehen*
utile	*nützlich*
utilizzabile	*verwendbar*

V

vacanza	*Urlaub*
vagone (m.)	*Waggon*
vagone letto	*Schlafwagen*
validità (w.)	*Gültigkeit*
valigia	*Koffer*
valore (m.)	*Wert*
varia natura (di)	*verschiedenartig*
variabile (tempo)	*wechselhaft (beim Wetter)*

86

...io genere	*verschiedenartig*
...ario	*verschiedenartig, unterschiedlich*
...asca da bagno	*Badewanne*
vaso	*Vase*
vasta scelta	*breite Auswahl*
vedere, *visto*	*sehen*
vegetariano	*vegetarisch*
veloce	*schnell*
vendere	*verkaufen*
vendesi (vendere)	*zu verkaufen*
vendesi appartamento	*Wohnung zu verkaufen*
venerdì (m.)	*Freitag*
venire, *sono venuto*	*kommen*
venti	*zwanzig*
verde	*grün*
verdura di stagione	*Gemüse der Saison*
verità	*Wahrheit*
vero	*wahr*
vestire	*anziehen*
vestirsi, *mi sono vestito*	*sich anziehen*
vestito	*Kleid*
veterinaria	*Tierheilkunde*
vetrina	*Schaufenster*
viaggiare	*reisen*
viaggio d'affari	*Geschäftsreise*
viaggio	*Reise*
vicina (N.)	*Nachbarin*
vicino (N.)	*Nachbar*
vicino a...	*nahe an ..., in der Nähe von ...*
vietato	*verboten*
vigilanza	*Aufsicht*
vigile (urbano) (m.)	*(Stadt-)Polizist, Verkehrspolizist*
villetta	*kleines Haus*
vino	*Wein*
viola	*violett*
visita	*Besuch*

visitare mostre d'arte	*Kunstaustellungen besichtigen*
vista sul mare	*Meeresblick*
vista	*Sehkraft, Sicht, Aussicht*
vita	*Leben*
vitamina	*Vitamin*
vitello (bistecca di)	*Kalb(ssteak/-schnitzel)*
vivace	*lebhaft*
vivere, *vissuto*	*leben*
vocabolario	*Wörterbuch*
vocabolo	*Vokabel*
voce (w.)	*Stimme*
volentieri	*gerne*
volere	*wollen*
volontà	*Wille*
volontariato	*ehrenamtliche Tätigkeit*
volume (m.)	*Volumen; Lautstärke; Band*
voto	*Note*
vulcano	*Vulkan*
vuoto	*leer*

X
xilofono	*Xylophon*

Y
yogurt (m.)	*Joghurt*

Z
zaino	*Rucksack*
zia	*Tante*
zii (m. Pl.)	*Onkel und Tante*
zio	*Onkel*
zona giorno	*Wohnbereich*
zona notte	*Schlafbereich*
zona universitaria	*Universitätsviertel*
zona	*Stadtviertel, Gegend*
zucchero	*Zucker*
zucchina	*Zucchino*
zuppa inglese	*Zuppa inglese (Nachspeise)*